「筑豊」に出合い、イエスと出会う

犬養光博［著］

いのちのことば社

序文

犬養光博先生は祈りの人である。何よりも真摯に聖書の御言葉に沈思黙考し、信じられないほどのエネルギーをもって行動される。厳しくもユーモアあふれる先生のお人柄に魅了され、活き活きとした説教と講演のメッセージに深い慰めと戒めと新しい力を与えられた人は決して少なくない。

筆者が犬養先生とお会いしたのはちょうど三十年前、神学部夏季実習の時である。犬養先生と素子先生ご夫妻に温かく迎えていただいた福吉伝道所での三日間は今でも忘れることができない。

「おらびの丈吉つぁん」と上野英信先生のお話を二日連続の講演で直接伺い、私は激しく撃たれた。「ぼくは説教をつくったことがない」といわれたこともショックだった。先生にとって説教とは、一週間の歩みの中で御言葉に聴き、そこで問われた事柄を次の日曜日に語るのであって、もし何も語ることがないのであれば、それだけの歩みしかできなかったということだ、と。先生にとって、神の御言葉であるイエス・キリストが私たちの現実なのであって、このキリストの現実をこの世において日々確認することが大切なのだ。「一度語った説教は死骸だ」と言われるのも、先生が「今、ここで、共に」を重視しておられるからにほかならない。

さらに先生は、二つの中心をもつ楕円形、つまり「現場」と「尊敬する教師」を持ちなさいと何度も語られた。犬養先生を通して示されるイエス・キリストと、水俣で出会ったイエス・キリストとがどう関わるかが今も私の中で大きな課題であるが、いまだ明確な答えは見つかっていない。いま置かれている場と人々との関わりの中で誠実に探し求め続けるしかない。

先生は、学ぶことは生き方が変わることで、実践とアカデミックの両方が牧師には必要であると厳しく戒められた。すぐに自己完結に陥りがちな私の弱さを見透かされての言葉だと思う。八木山の聖書講習会、熊本の菊池恵楓園での詩篇の学びに可能な限り参加させていただいたが、そのたびにキリストの福音との新鮮な出会いを与えられただけでなく、キリスト者としてこの世にあっていかに生きるのかについて貴重なご指導をもいただいた。

先生との出会いを機に筆者は水俣に五年半居させていただき、佐世保で牧師として仕えた後、東京に移った。

序　文

十五年前、孤独と不安の中で苦しみもがいていたとき、真っ先に富坂キリスト教センターまで筆者を訪ねてくださったのが犬養先生であった。四日もそばにいて、筆者の胸の内を黙って聴いてくださった。そこでふと吐かれた言葉を忘れることができない。「これまで紆余曲折があったかもしれないが、一途にキリストに従ってきたと思う。」この言葉にどれほど慰められ、励まされたかわからない。「伝道とは共にあることだ」と常々先生は語っておられるが、この愛に満ちた一言で、筆者は息を吹き返し、こんな者でも前を向いてよいのだと確信することができた。行きずりのようなこの者でさえも、こうして深い愛をもって寄り添い、話に耳を傾けてくださるのだから、先生ともっと深い関わりを持っている方々はどれほど多くの愛を先生から受けておられることかと羨ましく思う。

九州を離れて十五年、先生の教えを何一つ守ることのできていない不肖の弟子であることを心から恥じ入るものである。そんな筆者に本書の序文を書くようにとのお便りを先生からいただき、いまも畏れおののいている。この者をお祈りのうちに覚え続けてくださり、このような形でなおもご指導を下さっている先生には感謝の言葉しか見当たらない。

さて本書は、一九六〇年代半ばから半世紀にわたる、筑豊の一隅で起こった「キリストの出来事」の証言集である。読んでいただければわかるが、この「筑豊の一隅」という言葉が、自らの過ちを指摘された段階で悔い改めて新しくやり直す著者の誠実で謙虚な生き方を象徴している。神のみを神として畏れ、主に信従する生き方を貫くキリスト者の姿勢だけでなく、日本の教会形成に仕える宣教者の姿をもここに学ぶことができよう。

先生にとって教会とは、イエス・キリストの出来事が起こっている場所であり、解放と自由が与えられていると実感できる場所なのである。キリストの業に参与して、筑豊の人たちと日々驚くこと。その驚きは私たちにとって新鮮であり、またショッキングなものであるが、同時に、この私が、世界に働いておられるキリストの出来事と日々驚きをもって出会っているかどうかという問いへと向けさせる。

筑豊の人々をはじめ、苦難の中に置かれた人々の歴史を共に生きてきた先生は、苦しみを共にされる神の歴史を共に生き続け、「すでに起こっているキリストの出来事」への驚きを求めて今なお前進しておられる。そして、「来なさい」と呼びかける主イエスにどこまでも信頼し、聴き従うなかで、筑豊に生きる人々、周縁に置かれ、蔑ろにされる民のおらび（叫び）や呻きを全身全霊で受けとめる。筑豊の記録作家上野英信先生が民衆神学者であるならば、犬養先生は現代の「恨の司祭」（徐南同《ソナムドン》）ではないか。「恨の司祭」は、民衆の渇望を聴いて伝える「声の媒体」である。それはまさに、「名もなき尹東柱の一人」とされ、小さくされることと重なる。徐南同は、「神学する真の姿勢はこだますることだ」と言ったが、苦しむ人とその苦しみを共にする神がおられる場に身を置くことで、先生は、その場所においてキリストと出会った事実を告白（こだま）する。これが先生の真正な信仰告白なのである。

　ドイツの神学者ティーリケも指摘していることだが、人間をこの世から隔離する、悪しきドケティズム（キリスト仮現論）の現代版が、昨今の教会や礼拝説教、神学を支配しているように思えてならない。神学や説教が、ともすると独白的で抽象的かつ生彩に欠け、死んだみたいだなどと批判される神学的な根の一端はここにあるのではないか。世界は、神が愛し、それゆえにそのひとり子を遣わされた領域である。世界は、人間が賜物を受け取り、課題を委託される場所であり、そこにおいて神が、その御業において、また隣人との関係において、人間に出会うことを望まれる場所として意味を持たされている。この悪しきドケティズムの問題、教会とこの世を二分するような考えを克服する重大な手がかりを、私たちは本書をとおして気づかされるはずである。つまり、キリストの受肉の事件が今日の私たちにとってどのような意味を持つのか、このことを本書は明示しているのだ。先生は一貫して、教会の場所性、つまり教会がどこに立っているのかを問うておられるのだが、同時に、常にご自身の原点がどこにあるのかを確かめる努力を怠らない。まさに、「二つの中心をもつ楕円形」に生涯かけてこだわり続けておられる。

筑豊の一隅から照らし出される光は、小さな灯かもしれない。しかしこの灯こそが、聖書が言う「醒めた目」をもってようやく気づかされる真実の光にちがいないのである。日本の教会がこの光に呼応（こだま）し、新しい教会——問題がひとたび起これば崩される教会ではなく、どんな問題に直面しても持ちこたえ得る教会（著者）——を形成していくことができればと願ってやまない。そして、私たちも続いて、真の現実であるイエス・キリストの出来事を、教会とこの世においてもう一度確認しようではないか。日夜、キリストの福音宣教のみわざに参与し、喜びと労苦のうちに励んでおられるすべての牧師と信徒の方々にこの書を推薦し、序に寄せる言葉としたい。

富坂キリスト教センター総主事　岡田　仁

目次

「筑豊」に出合い、イエスと出会う

「筑豊」と出合う

「筑豊」という地名

人の生涯に決定的な影響を与える地名というものがある。ぼくの場合は「筑豊」だ。そんなぼくが初めて筑豊の地を踏んだのは、一九六一年八月のことだった。後に詳しく触れることになるが、同志社大学神学部の中にできた「筑豊の子どもを守る会」のキャラバン隊のメンバーの一人として、福岡県の鞍手郡鞍手町新延にある三つの閉山炭鉱地区の子どもたちを訪ねたのだ。子どもたちと夏休みのひと時を過ごすためだった。

そして一九六五年四月からは、結婚したばかりのぼくたちが田川郡金田町（合併して現在は福智町）福吉という閉山炭鉱地区に住んで五十年間を過ごしたことになる。生育期を除いて、自分の人生のほとんど全部を過ごした「筑豊」は、ぼくにとって単なる地名ではない。そこで人と出会い、そして神と出会った場所である。

「筑豊」という地名を初めて聞いたのは、小学校三、四年生の時（一九四七、八年）だったと記憶する。社会科の授業で、日本の石炭の最大の産出地という関連だったと思うのだが、それは一つの強烈な思い出と結びついている。敗戦後まもない時期で、大阪でも一クラス六十人というクラス編成、それでも校舎が足りなくて、一時期二部制がとられ、朝から学校へ行く「早出」と、昼から学校に行く「遅出」があった。もちろん木造の校舎で、冬などすきま風が入り込んで寒かった。給食に脱脂ミルクに芋の葉を浮かべたものが配られ、食べられる雑草を小麦粉でくっつけて焼いた得体の知れない「パン」が出ていた。「キガトッパパン」（飢餓突破パン）と名づけられていた。

「筑豊には石炭がたくさんあって、余ったものは道にも撒かれている」と先生は説明した。ぼくたちは、寒い冬はだるまストーブを使っていた。燃料の石炭が十分でなく、用務員室（当時は「小使い室」と呼んでいた）へ当番が石炭をもらいに行くのだが、いつもほんの少し配られるだけだった。石炭が道に撒かれている「筑豊」というイメージは、実際に「筑豊」に来るまで消えることはなかったが、来てみて、いくらたくさん石炭が掘られても、道に撒くことは絶対にないし、需要が少なくて掘り出した石炭を貯炭しておかなければならない場合も、それを掘った坑夫たちが自由に使えるということはなかった。

小学校の先生は、汽車の窓から筑豊地域の道にぼた（石炭とともに地層にあるが、カロリーが少なく、使い物にならないので、ぼた山として積み上げておくもの。素人には石炭と区別がつかないものが多い）が敷かれているのを見て、石炭と間違ったのだろう。

初めての「筑豊」

一九六〇年は「安保（日米安全保障条約）の年」だった。同志社大学神学部二年生のときで、京都大学、立命館大学、そしてわが同志社大学が、いわゆる「全学連」の一つの大きな拠点になっていた。「学友会」を中心に組織された運動は、日米安全保障条約が国会を通過するまで厳しい闘いを続けた。おおよそ政治運動などとまったく縁がなく、「プロレタリアート」などという言葉もまともに使ったことがなかったぼくが、大きな学生運動の渦の中で鍛えられていった。

あのころのことを思い出すと、今でも、いちばん充実した日々だったと思う。ほとんど三、四時間しか睡眠をとらないで、夜を徹して難しい議論を重ね、夜明け前にはそれを文章にしてガリ切りをし、手動の謄写版で印刷して、朝やって来る学生たちに配り、教室に入ってデモへの参加を呼びかけ、そして頻繁にもたれる街頭デモに参加する。その間に家庭教師のアルバイトもこなしていたのだから、ほんとうによく体がもったものだ。

裸電球の下で、読んできた本の言葉を生で使いながら激しい議論を繰り返していた。「安保など通したら日本は大変なことになる」というのが、ぼくたちの共通した認識だった。だから当時の岸信介内閣が潰れたとはいえ、「安保」が通ってしまったあとの挫折感は相当なものだった。退学させられた人もいたし、自ら学校をやめて農業を始めたり、国鉄労働組合（国労）に入ったりする人たちもいた。

そんななかで、ぼくは何をする当てもなく、悶々とした日々を過ごしていた。そんなとき、一年先輩の服部清志さんが「犬養さん、いっぺん筑豊に行ってみないか」と誘ってくださった。服部清志さんのお父さんである服部団次郎先生は、当時「筑豊」の貝島炭鉱がある宮田町で大之浦教会の牧師をしておられた。

この服部清志さんを団長として、「筑豊の子どもを守る会」が結成され、同志社の神学部の学生一〇人がキャラバン隊を組んで筑豊を訪ねた。一九六一年八月のことで、行く先は鞍手郡鞍手町新延地区にある六反田、七ヶ谷、泉水という三つの小・零細炭鉱の閉山地区だった。ここでの子どもたちとの出会いが、ぼくを「筑豊」に結びつけるきっかけになった。

一九六一年ごろの「筑豊」

日本の主要エネルギーが石炭から石油に変わるのが、一九六〇年の少し前。「石炭斜陽化」が叫ばれ、炭労（炭鉱労働者組合）が三井三池闘争で知られるように、「総資本対総労働」と呼ばれる大争議を長期間展開したのがこの時期である。しかし、「筑豊」に「石炭斜陽化」の波が押し寄せるのは、それよりもずっと早い時期からだったが、ほとんど注目されることがなかった。

ちなみに、ぼくが住んでいた福吉炭鉱（鉱主の名前をとって矢頭炭鉱とも呼ばれていたが）の閉山は一九五二年のことである。そして福吉炭鉱は零細炭鉱ではなく、最盛期は一四〇〇人の坑夫を抱えた小炭鉱だった。最盛期の筑豊には三〇〇から三五〇の炭鉱があったと言われているが、三井、三菱、明治といった、いわゆる財閥が経営する炭鉱と地元御三家と呼ばれる麻生、貝島、安川といった大手の炭鉱は、数としてはほんのわずかで、その周辺に中・小・零細炭鉱が群がっていた。そして炭鉱の歴史をひもといてみると、国の景気、不景気がもろに石炭需要と結びつき、景気の良いときは産炭量が増え、景気の悪いときは極端に産炭量が減っている。それは「筑豊」にある炭鉱の数とも直結していて、景気の良いときは炭鉱の数が増え、景気が悪くなるとその数が減少する。まるで「筑豊」中が呼吸をしているように、景気に応じて炭鉱の数が増えたり減ったりしてきたのだ。そして、大手が潰れるはずがないのだから、減ったり増えたりは零細炭鉱で起こり、小炭鉱に及ぶという経過を繰り返してきた。

「石炭斜陽化」の波で、国が打ち出した方針は「ビルド・アンド・スクラップ方式」と横文字で言われたので、何か新しい政策であるかのように受け取られたが、「筑豊」の炭鉱がずっと繰り返してきた歴史そのものだったのだ。事実、福吉炭鉱が閉山したときも三井田川炭鉱は悠々と営業を続けており、三井田川炭鉱の閉山は一九六四年三月のことである。福吉炭鉱が閉山したときは三井田川炭鉱が潰れるなどとだれも思わなかったし、福吉炭鉱の人々も、今まで繰り返してきたように、景気が良くなればまた炭鉱が復活すると思っていたのだ。

「黒い羽根募金運動」が残したもの

「筑豊」に三〇〇～三五〇の炭鉱があったことは知られているが、それが零細・小・中・大炭鉱というかたちで存在していたことは、あまり意識されていなかったと思えてならない。とくに大手の炭坑労働者が、零細炭鉱で働く人々を自分たちと同じ炭坑労働者と見ていたかどうかは疑問だ。

そのことを立証する一つの事件が、一九五九年に始まった「黒い羽根募金運動」だ。

当時、福岡県は社会党の鵜崎知事だった。「筑豊」の一五万人と言われる失業者がどういう状況にあったかを、県は一九五九年七月に「炭鉱離職者の生活実態」というパンフレットにまとめて発行した。これは福岡県内の「筑豊」以外の都市の人々に大きな衝撃を与えたが、この報告書を読んだ福岡市の主婦の一人が友人と語らって「助け合い運動」を提案することを決めた。

一九五九年七月十日、各婦人団体有志の賛同を得て「福岡県母親大会」で決議し、「黒い羽根運動」と呼称することになった。福岡県、福岡県鉱業市町村連盟等の自治団体をはじめ革新団体も賛同して、超党派的な運動本部が組織されて九月二十日に発足し、県下・東京都内で運動が開始された。その後、全国的にこの運動は展開された。「赤い羽根共同募金」や「緑の羽根」と同じように「黒い羽根」（黒は石炭のイメージ）を作って全国募金を呼びかけた。これはかなりの成果を収め、お金も物も驚くほど集まり、それが救援物資として閉山地区に配られた。配られたお金で共同風呂が造られたり、集会所が造られたりした。

この運動を契機として、にわかに世論が高まり、マスコミも「筑豊」の閉山地帯に焦点をあてた大々的なキャンペーンを展開した。「筑豊」の問題が単なる慈善運動で救済できるものでないことがようやく認識され、雇用の問題が大きく取り上げられて、政府もその年の十二月、初めて「炭鉱離職者臨時措置法」を成立させた。これ以後「石炭六法」と呼ばれる様々な法律が作られるのだが、政府レベルの取り組みはともかくとして、「黒い羽根運動」が一般の人々に残した印象は、「あの食べることもできない筑豊のかわいそうな失業者たちを救え」という認識であった。「憐れみは連帯を拒絶するところに生ずる」と言われるとおり、この認識がその後の「筑豊」問題の解決を難しくした一つだと、ぼくは確信している。

たとえば、三井三池闘争が華々しく闘われていたころ、福吉炭鉱の失業者たちは「炭鉱があったころ、炭労（炭鉱労働者組合）から何回も労働組合を作れ、という誘いがあったけれど、組合など作れる状況ではなかった」と寂しそうに回想し、炭坑夫として今でも闘える三井三池の労働者たちを羨ましそうに見ていたのだ。そして、あの三井三池闘争を闘った炭労の労働者たちは、一九五二年に閉山した福吉炭鉱で働いていた炭坑労働者たちを自分たちと同じ炭坑労働者として見ていたのだろうか、と思う。もし見ていたのなら、一九五九年に起こった「黒い羽根募金運動」はもっと違った質の展開をみせていたのではないか。「あのかわいそうな筑豊の失業者たちに募金を」というのではなしに、「自分たちと同じ炭坑労働者が、未払い賃金を残したまま失業させられ、だれも新しい職場の世話もしてくれない、生活がまったくできない状況にある。同じ炭坑労働者としてどう連帯できるか」、そんな発想ができたはずだと思えるのだが。

「筑豊の子どもを守る会」の発足

実はこの「黒い羽根募金運動」と「筑豊の子どもを守る会」の発足とは繋がっているのだ。「筑豊の子どもを守る会」のキャラバン活動は関西では一九六一年から始まるのだが、関東では一年早く一九六〇年から行われている。そしてそのきっかけになったのが、当時東京神学大学の学生だった船戸良隆さんだ。船戸さんはＮＣＣ（日本キリスト教協議会）から派遣されて、「筑豊」の閉山地域を見て歩かれた。たぶん「黒い羽根運動」の広がりのなかでその深刻さを知ったＮＣＣが、自分たちで何かできることがないかとその実情把握のために船戸さんを派遣したのだと思う。あるいは「筑豊」の超教派の教会から現地の実情が訴えられ、援助の要請が出されていたのかもしれない。船戸さんを案内したのは、「筑豊」の超教派の教会の牧師さんたちだった。

そしてそこは、「筑豊」でも最も貧しい、したがって失業者や長欠児童の多い場所だった。「筑豊の子どもを守る会」がキャラバン活動を行うのも、この船戸さんが歩かれた地域で、ぼくたちはどうしてこんなに「適切な」場所を教会の牧師さんたちは知っておられたのだろう、と不思議に思ったのだが、あの「黒い羽根募金運動」で集まったたくさんの物資を「最も貧しい地域」に届けた多くの団体の一つが、実は「筑豊」の超教派の教会だったと知らされた。「筑豊NCC」という名前で救援活動が行われていたのだ。

船戸さんは「最も貧しい地域」を巡り歩いて、その実情を見て、一つの結論を出された。「黒い羽根募金」で確かにたくさんのお金や物資が「筑豊」の「最も貧しい地域」に届けられたが、問題は何も解決していない。最終的に必要なのはお金や物ではなく、人ではないか。お金や物も必要だが、最終的に動かなければならないのは人だ、と結論されたのだ。ぼくはすごい結論を出されたと思う。その報告を受けて、船戸さんを派遣したNCCがどんな施策を出したのか、ぼくは知らない。でも、船戸さんは自分の結論に応じて、すぐに動ける人は学生だと考え、さっそく東京神学大学をはじめとして関東のミッションスクールに呼びかけ、「筑豊の子どもを守る会」を結成し活動を開始された。そして、翌年には関西にも呼びかけられて、関西の歩みも始まった。ぼくが服部清志さんから「筑豊へ行ってみないか」と声をかけられたとき、もちろんこんな背景があることなどまったく知らなかった。

「筑豊」に関わり始める

知ることは変わること

同志社の「筑豊の子どもを守る会」が一九六一年八月に行ったキャラバン活動については、その様子を活き活きと伝えることができる一五〇枚のスライドがある。メンバーの一人松本凡人さんが、撮影から編集まで一手に引き受けて残してくれた労作で、いまや貴重な資料になっている。福岡県立大学の図書室にも置かせてほしいと頼まれて、そのコピーが置かれている。ぼくは、「筑豊」を訪ねて来る人々に必ずこのスライドを見ていただくことにしている。人に見せるだけでなく、自分でもひとりで見ることがある。そして筑豊に引き寄せられた、ぼくの原点を確かめる。

小学校の講堂いっぱいに集まった子どもたち、みな笑顔を浮かべながら何が起こるのだろうかと期待に満ちた顔で正面を見つめている。ぼくたちが作った下手くそな紙芝居をしているだけで、特別おもしろいことがあるわけではないのに、その緊張が伝わってくる。ぼくは疲れたとき、ときどきこの一枚のスライドを大きく写してジッと見る。名前なんかもうとっくの昔に忘れてしまった子どもたちなのに、その笑顔が新しい力を与えてくれる。

キャラバン期間中一回だけ給食をした。京都から持参した小麦粉を直方のパン屋さんに頼んでコッペパンにしてもらった。一日一食しか食べられない子どもたちがほとんどなので、喜んで食べてくれるだろうと思ったのに、半分以上の子が食べようとしない。「どうしたん?」と聞くと、恥ずかしそうに「家に帰ってから食べる」と言う。あとでわかったのだが、家には自分と同じように腹をすかしている家族がいる、皆で分けて食べるのが当たり前の社会なのだ。あの子どもたちが特別に愛情深かったとは思えない。貧しい生活の中で食物を分かち合うのは当然のことだったのだ。

あれから五十年余り経った今、あそこで出会った子どもたちはもう「筑豊」にいない。このスライドを地域の子どもたちに見せて、この福吉も五十数年前はまったく同じだったと言っても、「筑豊」で生まれ育った子どもたちも「うそォ」と言う。

もう一つのぼくの「筑豊」経験は少しきざな言い方になるが、京都で学生運動をしていたとき、「こんな安保を通したら日本は駄目になってしまう」としきりに思い、言葉にもしていたけれども、そのとき「日本」と語っていたなかに、この「筑豊」の現実が入っていなかったというショックだ。そのときぼくが考えていた「日本」は、相当貧しく苦労して生活していたと自ら考えていた大阪の状況と、京都で過ごした何年かの経験が描き出す「日本」で、そこでは「筑豊」は想像もできない場所だった。

ぼくは「日本の国は駄目になる」と本気で思っていたけれど、もう駄目になってしまっている日本が「筑豊」にあることなどまったく知らずにいたのだ。「一生懸命であるということは、必ずしもものが見えていることの保証にはならない」ことを教えられたのが、大切なぼくの「筑豊」経験だった。何年か後に「カネミ油症事件」に関わり、その歩みのなかで日本の公害闘争の先駆者、田中正造に出会うのだが、その田中正造のことを教育学者で哲学者の林竹二先生は、「田中正造にとって、学ぶこと、新しいことを知るということは自分が変わることを意味した。自分が変わらないで、学んだとか知ったとか言えない」と言っておられる。「筑豊」を知ることは、「筑豊」を知らないで歩んできた自分が、「筑豊」を知ることによって新しい自分に変えられて歩み始めること、そのことを踏まえないで、一生懸命であることは危険なことだと知らされた。またそれ以後、カネミ油症事件との関わりを通しても、部落差別問題との関わりを通しても、在日朝鮮人・韓国人との関わりを通しても、ハンセン病元患者の方々との出会いを通しても同じことが問われた。

二冊の「筑豊」の本

こうしてぼくの「筑豊」との関わりが始まった。「黒い羽根募金」をきっかけにして「筑豊」のことがマスコミでも取り上げられ、日本中に広まったことはすでに述べたが、この時期「筑豊」のことを全国に伝えることに大きな役割を果たしたのが、土門拳の写真集『筑豊のこどもたち』（築地書館、一九六〇年）と上野英信著『追われゆく坑夫たち』（岩波新書、一九六〇年）であった。ぼくもこの二冊を繰り返し読んだ。

写真の芸術性を問題にしてやまない土門拳が、この『筑豊のこどもたち』だけはニュース性を優先させて、できるだけ早く「筑豊」の現実を日本中に知らせなければ、と初版は価格を抑えるためにざら紙に印刷されていた。

『追われゆく坑夫たち』のほうは、ぼくにとっては一つの原点のような書物なので、これからも触れることがあると思うが、一九六〇年という時期が「筑豊」にとってどういう時期だったか知っていただくことも含めて、この本の「あとがき」の一部を少し長くなるが引用しておきたい。

「ふりかえってみれば、中小炭鉱についての短いルポルタージュめいたものを書きはじめてから、かれこれもう十年ちかくになる。今それらの幾つかをひっくりかえしてみると、よくもまあこんなくだらないものを綿々と書きつづけてきたものだ、と我ながらうんざりさせられるような思いである。だがそれにしても、なぜ性こりもなく書きつづけてこなければならなかったのか。いろいろの理由をならべあげることはできようが、やはりその最大の理由は、私以外にだれひとりとして書く者がいなかったからだ、というほかはない。だれも書きとめず、したがってだれにも知られないままに消えさってゆく坑夫たちの血痕を、せめて一日なりとも一年なりとも長く保存しておきたいというひそかな願いからであり、そうせずにはおれなかったからである。ただそのひとすじの執念——妄執といってもよい——にかられて、私は仕事を続けてきた。

だが……、この数年来、私は急激にこの仕事にたえきれないほどの苦痛をおぼえて、できるだけ逃れようとするようになった。もうなにを書いてもむだだという絶望感ばかりが、こがらしのようにごうごうと心のなかを吹きあらした。いてもたってもおれないような焦燥にかられてヤマを歩きまわることのみますます頻りとなり、書くことはいよいよ少なくなった。そしてときたま強いられてなにかに発表するものは、ほとんど例外なく『暗すぎる』とか『否定的な側面ばかりを強調しすぎる』とかいうような批判をあびせかけられるだけであった。もちろん私はそのような批判を無条件に承認しようとは思わない。しかし、私の書くものに救いのない悲哀や悔恨や呪詛の影のみ濃くなってきたことだけは、どうにも否定しようがないことだ。

この岩波新書の仕事をうけもつことになったのは、そんな破滅的な状況のなかにおいてである。鉛をながしこまれたように一段と心は重く、さらに筆はすすまなかった。しかも皮肉なことに、にわかに猫もシャクシも中小炭鉱の悲惨さを書きたてはじめた。あらゆる雑誌や新聞が屍にむらがる蠅のように一斉に『黒い飢餓の谷間』に集中した。私の性質がアマノジャクなのかもしれないが、人がそれについて書きはじめると、とたんにもうまったく書く気がしなくなる。それについて人がしゃべりはじめると、たちまち沈黙したくなる。そんなふうだから、もとよりうまくすすむはずがない。したがって『人間そのものとしての地獄、地獄そのものとしての人間こそ問題だ』などとひらきなおったところで、所詮このような状態で仕事をつづけることが私にとって地獄の責苦であった、ということでしかないかもしれない。だが、もし読んでくださる人がいささかでも炭鉱労働者のかたく閉ざされた心の底を覗き、彼らの苦悶と慟哭に触れることによって、みずからの生きるみちを考えてもらえるならば、私もまたみずからを慰めることができよう。」

福吉に住む

ぼくは「筑豊」にのめり込んでいった。

先輩の船戸良隆さんは、一九六〇年、六一年と「キャラバン」を続けた元福吉炭坑に、学校を一年休学して一九六二年四月から常住されることになった。福吉の人々と「キャラバン」の学生たちとの間に、そんな親密な人間関係が生まれていたのだ。そして、一九六三年四月からの一年間、ぼくと関西学院の松崎一さんがその後を引き継ぐことになった。船戸さんは炭鉱住宅に住まれたが、ぼくたちは昔、事務所や診療所に使われ、閉山後は公民館として使われていた場所に住むことになった。

キャラバン活動の延長で子どもたちとのことが中心で、学校と連絡をとって長欠児童をなくし、地域では小学生、中学生に分けて、毎日のように勉強会を開き、「子ども会」を結成して、月に一度は集まって催し物を開いた。夏の海水浴やキャンプ、冬のクリスマスの行事、そして一年中フォークダンスをやっていた。

地域の青年たちとの交わりが深まり、閉山後、働く場所がなくぶらぶらしている青年たちと筑豊兄弟者共同養鶏所を造った。当時は「千羽養鶏」などという本が参考にされる時代だったが、このころからいわゆる大養鶏場ができるようになって、募金で造ったぼくたちのような小さな養鶏場は数年で潰れてしまった。

松崎さんと二人で『週間福吉』というガリ刷りの新聞を発行して、福吉の一軒一軒に配った。この一年はぼくにとって「筑豊」に定住するきっかけになるのだが、今から振り返ってみると、もっと大切な出会いを与えられた年でもある。それは、無教会の高橋三郎先生との出会いだ。隣町の方城に住んでおられた増田昇造さんが「このテープを聞いてごらんなさい」と言って、オープンリールのテープを貸してくださった。それは東京の高橋集会のテープで両面二時間の聖書講義の録音だった。

最初にテープを聞いたときの衝撃を忘れることができない。男二人の生活で食事の後の片づけもしないままで気楽にテープを聞いていたのだが、そこで語られる御言葉の権威に打たれて、一度テープを止めて、部屋をきれいに片づけて、ノートを取りながらテープを聞いた。それ以来今日まで高橋集会のテープを聞き続けてきた。当時、同志社の神学部では異端とまでは言わなくても、無教会に対してはまともに取り上げる人はいなかった。ぼくが聖書はこんなに素晴らしい力をもっているのだと知らされたのは、高橋三郎先生の聖書講義を通してだった。そしてそれは今もそうである。

これから触れるように、ぼくは「筑豊」の現場から大きな問いかけを受け、「筑豊」で働いておられるイエス・キリストに出会わせていただいたのだが、その体験と高橋三郎先生を通して出会わせていただいたイエス・キリストとの間にはずっと緊張関係があった。ぼくの信仰は、一方で高橋三郎先生を通して与えられたイエス・キリストと、他方、現場、それは「筑豊」であり、「カネミ」であり、「被差別部落」であり、「在日」であるのだが、その現場で出会ったイエス・キリストと、二つの中心をもっている。これが一つになれば良いのだが、ずっと緊張関係を引きずってきた。そして近ごろはそれで良かったのではないかと思うようになってきた。

ともかく「筑豊」で高橋三郎先生と出会ったというのは、ぼくの人生で決定的なことだった。

「筑豊」の一隅から

夫婦で福吉へ

一九六三年四月から翌年三月までの福吉での生活を終えて、同志社に帰った。福吉はその後、船戸良隆さんと同じ東京神学大学の山本将信さんが、やはり学校を一年休学して引き継いでくださり、山下信治さんも協力してくださった。

ぼくは卒業論文を大急ぎで仕上げ、一九六五年三月に結婚して二人で福吉にやって来た。そして四月から福吉伝道所を開いた。正式に日本キリスト教団が福吉伝道所を認めるのは翌年になるのだが、ぼくたちは炭住（炭鉱住宅）の一隅で聖書研究会を始めた。休学して一年をいっしょに過ごした福吉の青年や子ども会の親御さんたちが、炭住の一軒を空けて待っていてくださった。

住むところだけは確保していただいたが、食べていかなければならない。最初は西日本経理専門学校という田川市にある小さな学校に就職して、なんと学んだこともない簿記を教えることになった。「生徒より一〇ページ先に学ぶ」をモットーにして必死に学び、教えた。何の資格もない者が教えて、それでも二級の試験まで生徒が合格したのだから、自分でもたいしたものだと思っている。教えるのは楽しかったし、経済的に普通高校に行けない子どもたちが、一生懸命勉強する姿に励まされて、課外を組んだり、朝早く出かけたり、とにかくこちらも一生懸命だった。もちろんそれだけでは食べていけないので、小さな塾を開いたりした。でも、生活の中心は福吉での子どもたちの育成で、今思い出しても体がよくもったと思うほど食事の時間も惜しんで、子どもたちに勉強を教えた。

連れ合いの素子さんは、ぼくが一年間休学したときに住んでいた公民館で保育所を始めた。もちろん収入などまったくない無報酬の私設保育所だった。

具体的にはそんな生活をしながら、気持ちの上では聖書研究会が中心で、一年休学していたときに出し始めた『週間福吉』を『月刊福吉』と名前を代えて一か月に一度出し続け、当時九〇戸あった福吉の全家庭に配り、ぼくたちを支援し、見守ってくれている先生や仲間たちにも送って、福吉でのぼくたちの生活を知っていただくようにした。

こんなふうに考えていた。福吉伝道所にはイエス・キリストがおられる、この「筑豊」の暗い谷間に光が来たのだから、多くの人々に福吉伝道所に来ていただいて光に触れてほしい。また、努力してこの暗い谷間に福吉伝道所の光を届けなければならない、と。

一年間の休学を通して、ぼくは、「筑豊」にある教会とぼくが住むようになった福吉のような小炭鉱の閉山炭住がどんな関係にあるかを学んでいた。先にも触れたように、「筑豊」の教会は、当時おそらく最底辺であった福吉のような場所と関係をもっていた。だから多いときは十何か所にも分かれて行われたキャラバン隊に、「適当な」場所を紹介することができたのだ。しかし教会の意識は、その場所が奉仕の対象でしかなかったことを知らされた。「黒い羽根募金」で寄せられた様々な物資を配る対象ではあっても、それ以上の場所ではなかった。ぼくは福吉伝道所を設立しようと思ったとき、「奉仕の対象ではだめだ」と思っていた。物資を配るのではなく、「福音」を伝えなければならない、と思っていたのだ。でも今振り返ってみると、「奉仕の対象」から「宣教の対象」に変わっただけで、「筑豊」の人々はぼくにとって、あくまで「対象」以外の何ものでもなかったのだ。それが「対象」ではなく、むしろ「宣教の主体」ではないかと気づくまでには、長い「福吉の苦学」を経験しなければならなかった。

ぼくは「筑豊」に就職した

『月刊福吉』を福吉以外の人々にも、少数ではあるけれども送っていたことは先に触れたが、同志社でお世話になり、同志社の「筑豊の子どもを守る会」の顧問も引き受けていただいていた竹中正夫先生にもずっと送っていた。

福吉に定住して五年が経過したころ、西日本経理専門学校は些細なことで校長と喧嘩して、それまでに辞めてしまい、それから転々と職業を替えていた。失業対策事業のおじさん、おばさんといっしょに道路工事をしたりした。鉱害復旧事業といって、地面の下を掘り進んだ「筑豊」の土地は、あらゆるところが陥没したり沈下したりで、まともなところがない。その上にある田んぼには水が正常に流れず、コンクリートの溝を数メートルも上げて造るという始末。家屋も傾いて沈下するので、それを元に戻す工事が鉱害復旧事業と呼ばれ、一時期「筑豊」中のいたるところで行われていた。その鉱害復旧工事にもたびたび携わった。もちろん塾や家庭教師もしたが、建材店に勤め、ダンプの運転手をし、とにかくいろんなことをやった。しかし、長続きしなかった。理由は体が続かないということもあったが、地区の子どもたちのことや、福吉伝道所のことでどうしてもそちらを優先してしまうことがあったからだ。

当時の福吉は中学三年生を終えると、ほとんど全員、県外就職した。高校へ通っていたのは福吉でたった一人だった。中学を卒業すると、集団就職列車で、または西鉄のバスを連ねて、関西や遠く岐阜県まで子どもたちは泣きながら送られていった。

そんな子どもたちと「お別れ会」をして、ぼくは必ず「ええか、つらいだろうけれど、辛抱して絶対に職を替えるな」と言い渡した。職を替えるたびに生活が荒れていく例に何回も接していたので、そう言わざるをえなかった。

『月刊福吉』を県外就職した子どもたちにも送り続けていた。熊本の宇土市で大工の修業をしている森田勝己君が手紙を書いてくれた。「先生はぼくたちに職を替えるな、と言いながら、どうして自分は次々と仕事を替えるんですか」と。その質問が嬉しく、ぼくは答えた。「ぼくは『筑豊』に就職したんだ。『筑豊』からぼくが離れたら、その非難は甘んじて受けよう」と。そしてそのときの決心では、少なくとも十年は「筑豊」に就職するということだった。

初めての出版

同志社大学の竹中正夫先生が紹介してくださって、日本基督教団出版局が『月刊福吉』の記事を集めて一冊の本にしてくださった。一九七一年五月に出版された『筑豊に生きて』がそれである。

ぼくは初めての本でとても嬉しく、何人かの先生や先輩にその本を送った。そうしたら、先輩の小柳伸顕さんから電話がかかってきて、「君はあんな本を出版して恥ずかしくないのか」と言われるのだ。はじめぼくは何のことかまったくわからず、「何のことですか」と問いただすと、「とにかくいっぺん自分の本を読み直してみろ」と言われる。そしてたぶん、読み直しても気づかないだろうと思われたのだろう、「君が大阪出身だから、大阪弁を使うのはわかるが、なぜ君と話している『筑豊』の人が大阪弁を話しているのだ」と言われるのだ。

そんなことを考えたこともなかったので、読み返してみて驚いた。小柳さんが言われるとおり、ぼくと話している「筑豊」の人はみな、大阪弁で話しているのだ。

一九六一年の夏、初めて「筑豊」に来たとき、早口で荒っぽい「筑豊」の言葉を理解するのは難しかった。一年間休学している間に、そんな「筑豊」の人々の言葉がほとんどわかるようになった。当時福吉の青年だった、ぼくと同世代の大塚勲次さんは、小学校のころから炭坑に下がっていたという根っからの「筑豊」人で、言葉も荒く、手も早かった。彼が「ナンカキサン」と目を釣り上げて言えば、逃げなければ次に平手が飛んでくるのだが、この薬の名前のような言葉は、「何か貴様」という言葉で、「何か貴様は俺に文句をつけるのか」という意味で使われる。そんな言葉も含めて、だいたいはわかるようになった。けれども考えてみれば、ぼくがわかるようになったというのは、「筑豊」の人は「筑豊」弁で話しているのだが、ぼくの耳には「大阪弁」で聞こえているということなのだ。

こんなことはモノを書く人にとっては基本中の基本なのだろうが、ぼくにはそのことが理解できていなかった。そしてそれは単に言葉だけのことではなく、もっと人間関係の基本的な問題にも繋がっていることを知らされた。

「筑豊」の人々が「筑豊」弁で話しているのに、ぼくの耳には大阪弁で聞こえるというのは、ぼくがもっている大阪弁という枠組みに入ってきたものだけを聞いていることになる。「筑豊」弁で「筑豊」の問題を一生懸命訴えられても、ぼくの耳には大阪弁という枠組みがあって、その枠組みに入ってきたものしか聞いていないことになる。そういうことなのだ、と了解して聞けていたら許されるだろう。けれども、そのときのぼくの意識は、ほんとうは枠組みに入ってきたものしか聞けていないのに、「筑豊」の人々はこういうことが言いたかったのだとか、「筑豊」の人々の本心はこうなのだと、ぼくの枠組み以外のところにある本当の領域を意識することなく、まるですべてがわかっているように理解してしまっていたのだ。

自分の枠組みしかなかった

「君と話している『筑豊』の人々が、なぜ大阪弁を話しているのか」という小柳伸顕さんの問いかけは、ぼくには大きな大きな問いかけだった。そしてこの場合「大阪弁」というのは、都会育ちであるとか、大学出であるとか、クリスチャンであるとか、牧師であるとか、男であるとか、そういった諸々のぼくのもっている枠組みの総称だと知らされた。

枠組みのない人間などいないから、みな自分の枠組みでしか対象をとらえられない。問題は、そのことに気づいているかどうかだと思う。

そんな経験をして福音書のイエスの振る舞いを見直してみると、出会う人々の存在にすっと入り込んで内側から共感しておられる姿が浮かんでくる。もし枠組みがなくて空気かのような状態なら、相手の枠組みの中にすっと入り込んで、相手の枠組みに合わせたかたちを取ることができるわけだから、イエスという方はそんな歩みをされたのだと思う。

『筑豊に生きて』という本は、そういう限界をいっぱいもった本だった。たとえば『筑豊に生きて』という表題だが、「主語はだれか」と、これも小柳伸顕さんから聞かれた。書かれていないけれど、明らかに犬養光博である。犬養光博が「筑豊」で頑張って生きている、それが内容だ。後に気づかされるのだが、「筑豊」の本当の主役たちがどんなに腹立たしい思いでこの本を見ていただろうかと思うと、本当に申し訳ないと思う。

かつて上野英信先生が、ぼくたちの「筑豊の子どもを守る会」のキャラバン隊に対して「それに参加する学生にとって『筑豊』は必要だろうが、『筑豊』にとって彼らは必要ではない」という意味のことを語られたことがあって、ぼくたちはそのことが理解できず、憤怒したことがあったのだが、後に書かれた『廃鉱譜』(筑摩書房、一九七八年六月)の「その二の章　鬼が坂」で先生の思いを書いておられる。

大学出などという者が、炭坑ではいかに無用の長物であるかを自分のこととして書いたあと、「そのようなことを、私は苦い悔恨をこめて、若い訪問客に語ったりした。福岡県や九州ばかりでなく、関西や関東地方から、はるばる筑豊を訪れる学生も、年を追って増加するいっぽうであった。とりわけ『筑豊の子どもを守る会』に結集するキリスト教系の学生たちは、夏休みその他の休暇のたびに、キャラバン隊を組織して筑豊各地の廃鉱部落に入り、子どもたちの学習と生活指導におおわらわであった。それらの若々しい情熱と純粋な使命感にあふれた青年たちが、果たしてどこまで私の悔恨を理解してくれるか、まことに心もとないかぎりであった。それでもやはり私は、馬鹿の一つ覚えのように語らずにはいられなかった」と言っておられる。

キャラバン隊の一員ではなく、「筑豊」にもう五年近く住まわせていただきながら、何もわかっていなかった自分を悔恨の思いで振り返らざるをえない。

枠組みと偏見と

さらにこの『筑豊に生きて』には、当時日本一と騒がれた「生活保護」や「失業対策事業」についても、一方的な偏見に満ちた叙述が目立つ。

ぼくの父は、ぼくが小学校五年生のときに結核を発病し、六年生のときに国立結核療養所に入院し、中学二年生のときにそこで死んだ。戦後の混乱期、アメリカからストレプトマイシンやヒドラジッドといった結核の特効薬が入ってきた時期で、とても高価で、ぼくたちに「すまない、すまない」と言いながら注射を打っていた。経済的にどうしようもなくなり、医療保護を受ける申請をした。そのときの屈辱感がぼくの中に、「生活保護を受ける」ことに対する嫌悪感として残っていたに違いない。それがぼくの枠組みだったのだ。

「失業対策事業」の工事現場では、それらの人々といっしょに仕事をした。その仕事ぶりに腹を立てていた。「働かない」「きつい仕事だとわかると、すぐ休む」等々。それもぼくの枠組みで「筑豊」で失業対策がどんな意味をもつのか、それに従事している人々がどんな人なのか、まったく理解できていなかった。

あとになって、ある人から、「犬養さん、生活保護を受けている人々や失業対策事業に従事していた人々に、犬養さんがかつて投げかけた差別発言に対してどう責任をとるのか」と迫られたことがあった。「何もわかっていなかったことを告白して詫びる以外にない、そしてそんな過ちを犯した『筑豊』に住み続けることが、ぼくの責任の取り方かもしれない」と話した。

もう一つ、この『筑豊に生きて』で気づかされたことは、「筑豊」という同じ言葉を使っても、人によってまったく違った意味をもつことだった。先にも触れたように大手の炭鉱で暮らした人にとっては、ぼくが「筑豊」という言葉で福吉での経験を書くことに我慢ならなかったらしい。「筑豊はこんなにひどい場所ではない」「自分たちはもっと豊かな生活をしていた」等。そしてこれは仕方がないことでもあるのだが、この本を読んだ方々は、あたかも「筑豊」全体がこんな状態だと思ってしまわれる。以後ぼくは、必ず「筑豊の一隅で」と語るようにしている。

先に触れた土門拳の『筑豊のこどもたち』の写真展が数年前、地元の田川美術館で開催された。ぼくたちも、心躍らせながら見に行き、この写真集に収められている写真の一枚一枚の素晴らしさを痛感したのだが、地元の地方紙には、「土門拳は貧しいところばかり撮りすぎて筑豊を歪めて伝えた」といった感想が載っていた。

弔旗

二冊目の本

『筑豊に生きて』からちょうど十年目、一九八一年五月に日本基督教団出版局が二冊目の本を出版してくださった。『弔旗——筑豊の一隅から』がそれである。福吉に定住して十六年目のことになる。『筑豊に生きて』で問われた問題を抱えつつ、相変わらず日曜日は少人数で聖書の学びをし、食べるための仕事をしながら「筑豊」の様々な問題に関わり始めていた。

『月刊福吉』には、福吉でぼろ切れのように亡くなっていく人々の追悼記事が繰り返し載るようになった。本当にたくさんの方々が亡くなった。それも天寿を全うして、という人はほんの一握りで、多くはアルコール中毒死だったり、若いころの炭鉱での重労働で体全体が弱ってしまったりで、次々に亡くなられた。貧乏で、身寄りもない人も多かった。公民館に死体を安置して、葬儀屋さんやお寺と交渉して、やっと葬式を出せるといった場合もあった。区長さんと二人だけで野辺送り（遺骸を埋葬地または火葬場まで運び送ること）をしなければならないこともあった。だんだん腹が立ってきた。それこそ日本の産業を支えた炭鉱労働者が、まるで廃棄物のように捨てられ、だれも見向きもしない。それならぼくひとりでも日本を代表して弔おうではないか。そんな気持ちだった。そして福吉で人が亡くなったら、何をおいてでも一番に駆けつけ、葬儀に立ち会い、死んでいった人のことをできるだけ調べて、『月刊福吉』に書いていった。

日本基督教団出版局が出している『信徒の友』という雑誌に連載物を載せていただけるようになったとき、ぼくはこれらのぼろ切れのように亡くなっていった人々のことを書かせていただこうと思った。そしてその一年間の連載のタイトルを「弔旗」とした。

この「弔旗」を中心に、「筑豊」で巡り合い、亡くなっていった人々について書いた

「弔辞」等を集めたものが『弔旗——筑豊の一隅から』である。その中から二つの文章を引用しておきたい。ぼくが少しずつ変えられていった証しとして。

「大事な人」

「先生にはいろいろお世話をかけましたが、上甲のおばあちゃん、七時五十五分に亡くなられました。」

一九七四年十月二十日、日曜日の夜だった。長寿園（金田町にある特別養護老人ホーム）の事務局長、原田さんからの電話だ。

夏前ごろから衰弱が激しくて、ほとんど食事がのどを通らず、長寿園でも心配していろいろ手を打っておられた様子である。

すぐ長寿園へ車を走らせた。

「今、死亡診断をしてもらうため、医者を呼びに行っているところで線香も立てていません」と言われる原田さんに案内された病室のベッドに、おばあちゃんは横たえられていた。

「今日は同じ時間に二人も亡くなって」、原田さんが言われるとおり、おばあちゃんの隣のベッドには、手ぬぐいをあごにあてて頭で結んだおじいさんが横たえられていた。

「このおじいさんはどうしても口を開けるのでこうして縛ってしまいました。」

原田さんが事務的な口調で説明される。おばあちゃんもおじいちゃんも見守る親戚の人はだれもいない。

「寂しかったやろうな。」

忙しさにまけてしまって、病気のおばあちゃんを訪ねなかったぼくは、とりかえしのつかないことをしてしまったのだ。

福吉炭鉱は、小山を真ん中にしてその両側の谷間に開かれた炭坑である。初めに掘られた谷間を本坑といい、後から開かれた谷間は新納屋と呼ばれていた。今でこそ福吉は一つの区としてまとめられ、本坑、新納屋といった区別はなくなってしまったが、閉山直後まででは、それぞれ別の生活圏があって、あまり往来はなかった。

たとえば売店なども小さなものであるが、本坑と新納屋には別々にあって、だいたい自分のところの売店で買うのが普通だった。

ぼくは最初の七年間は新納屋の入り口近くに住んでいたので、新納屋の人々は町への行き帰りには必ずぼくの家の前を通らなければならない。自然に新納屋の人々とは早く親しくなった。

それにくらべて、本坑の人々と親しくなるにはずいぶん時間がかかった。子どものある家庭、地区の役員をしておられる家庭とは早い時期から交わりが可能であったが、他の家庭には月一回『月刊福吉』を配って歩くときに立ち寄っては、話していくことを通して親しくなる以外になかった。

四、五年もすると、福吉(一九六五年当時九二戸約四六〇人、一九七八年現在八四戸約三〇〇人)に住む人々とはほとんどみな親しく語り合える関係になった。ところが、一回も口を聞いたことのない人が一人おられた。それが上甲スギさんであった。

上甲さんは本坑の谷間の一番奥深いところにひとりで住んでおられた。一九〇四年(明治三十七年)の生まれだから、ぼくが初めて上甲さんと親しく交わるようになった今から約八年前は六十六歳であったことになる。

ぼくだけでなく、本坑に住んでおられる福吉の人々も上甲さんとはほとんど口を聞かれなかった。

それには事情があった。ぼくが交わるようになったさらに数年前、上甲さんの息子である一さんが、多額の借金を踏み倒して福吉から蒸発してしまわれたのだ。一さんの借金の保証人であった人々の間に一もめも二もめもあった。もともと家具らしいものは何もなかった家から、それでも金になりそうな物はみな持ち出された。

そのときから上甲さんは近所付き合いを一切断たれ、近所の人々も上甲さんを相手にしなくなってしまわれた。

八年ほど前の正月に「上甲のおばあちゃんの様子がオカシイ」という知らせを受けて飛んで行ってみると、壁も障子も畳も破れ放題のあばら屋で、垢で黒くなったボロ布団にくるまって上甲さんはあえいでおられた。

診療所の先生に往診を頼んだ。診断の結果は「栄養失調」であった。

その診断はぼくにはショックだった。

暮れの福吉伝道所のクリスマス祝会で、たらふくご馳走を食べていたその時に、同じ福吉で「栄養失調」で動けないおばあちゃんがおられたというそのことがぼくを責めた。そんなぼくや福吉伝道所はゆるされるはずがないと思えた。

ひとりでは食事の用意もできないので、診療所に入院していただいた。それから赤池の町立病院へ、そこから同じ町の天郷老人ホームへ、さらに再び金田の診療所へ、そして診療所が廃止されたとき、長寿園へ移られた。

年々弱ってはいかれたが、親しさは増し、訪ねると、深々と頭を下げて涙ぐまれることが多くなった。しかし、ほとんど話されなかった。

今振り返ってみても、上甲さんが話された言葉を思い出すことができない。天郷老人ホームで先住の同室の人からいじめられたことや、病院から帰りたいという相談を受けているのだから、確かにおばあちゃんは話をされ、ぼくはそれを聞いているはずなのだが、そういう記憶がまったくない。

廃止寸前の診療所へお見舞いに行ったとき、新しく移される長寿園はどんなところかと心配しているご様子なので、「大丈夫、今までどおりぼくもたびたび行くから」と話したら、おばあちゃんがベッドに座り直して帯をゆるめ始められた。

何をされるのだろうといぶかっているぼくの前で、着物の前をはだけて、お腹のところにしっかりまいてある腹巻きを大事そうに取り出される。垢にまみれた腹巻きをぼくの前に突き出された。腹巻きは袋になっていて、かなりふくらんでいる。

「おばあちゃん、これ何や、どうするんや」と聞くと、ニッと笑ってぼくに押しつけられる。とにかく受け取って、中を見て驚いた。小さく折りたたんだ紙幣がギッシリ詰め込まれていた。一万円札が一枚、五千円札が三枚、あとは千円札で、計算してみると十万円を超していた。

「おばあちゃん、これどないしてん」と聞いても、黙っておられる。

一さんが蒸発するときに置いていかれたお金もあったろう。保護費から入院者に支給されたお金もあったろう。とにかく一枚一枚小さく折りたたんだお金を大事に腹巻きにまいておられたのだ。

お金を計算しながら、たまらない思いにかられた。あの栄養失調の時も、このお金のいくらかは持っておられただろうに。

「おばあちゃん、お金をためても仕方がないから、欲しい物買おう。寝まきの新しいのを買おうか。」

おばあちゃんは黙って首を横に振って、その腹巻きをぼくに押しつけられる。

十万円は郵便貯金にして、通帳はぼくが預かることにした。

亡くなる年の夏前に、衰弱が激しく、お医者さんが危ないと言われるので、神戸におられる娘さんに電報を打った。二日して赤池の町会議員をしているという実のお兄さんとともに来て、「よろしく頼む」とだけ言われた。

「おばあちゃんから十万円預かっていますが」と話すと、さっそく郵便局から引き出して、さっさと持って帰られた。「死んでも、もう知らせていただく必要はない」と園に言って帰られたそうだ。原田さんが言われる。

「亡くなられたとき、身内の人に電話連絡しても、『園でよろしくやってくれ』と言う人が多い。『そうですか、それでは園でさせていただきます。いくらか貯金も残っているのですが、それも園で扱わせていただきます』、そう言うと、とたんに口調が変わって、『貯金はどれくらいあるのか』等、根掘り葉掘り聞いて、必ず取りに来る。そんなときは、『応分の寄付を置いて行け』となるのです。」

マザー・テレサは、「私たちはまず何よりも病気の方々に、自分たちも『大事な人』なのだとわかってもらいたいのです。このことを、せめて命のあるわずかな間だけでも感じとってほしいのです。人間はみな、神さまの子なのですから……」と「死を待つ人々の家」で語っているが、上甲のおばあちゃんはご自身のことを「大事な人」と感じとってくださっただろうか。

そう反問するとき、忙しさにまけて、最期の時を共に過ごせなかったことがゆるせないこととしてぼくに迫ってくる。

（一九七八年八月）

おらびの丈吉つぁん

長野丈吉さんの死を知ったのは、『毎日新聞』筑豊版の三行ほどの小さな記事によってであった。「××病院○○号室で入院中の長野丈吉さん、ベッドの鉄枠にくくりつけた手拭いを首に巻いて自殺をはかった。」

ちょうど精神病院内での患者さんたちの問題がマスコミをにぎわしていた時期で、この記事も何かそんな流れの中で書かれたものかもしれない。

しかし、それを読んだぼくは、それまで忘れてしまっていた長野丈吉さんの福吉での奇行、そしてその奇行ゆえに福吉を出て行かれたこと、その後の長野さんの行為についての福吉の人々のうわさなど、なぜか一つ一つ思い出させられた。

ぼくが福吉に来た当時は、病気がちのおばさんと娘さん息子さんとひっそりと暮らしておられたおじさんが、あの奇行にとりつかれたのはいつのころからだったろうか。

おばさんが亡くなられ、娘さんは嫁がれ、息子さんが大学へ行かれて、おじさんがひとりぼっちになられたころからだと思う。

昼は一日中、家に閉じこもっておられ、姿を見せなかった。たぶん疲れて眠っておられたのだろう。食事をどんなふうにしておられたのかわからない。

生活保護費として支給されるお金はほとんど焼酎に化けていた。

夜になると焼酎をあおり、その力を借りて大声でおらばれるのだ――「おらぶ」とは大声で叫ぶこと――歩きながら道々おらばれることもあるが、最も熱が入るのは、ねらいを定めた家の前で立ち止まり、その家に向かっておらばれるときであった。

おじさんがねらった家は数軒しかなかったが、必ず行かれる家が一軒あった。

それは、福吉炭鉱の元の鉱主の家――そのころは、鉱主の弟さんが福吉地区の家主として住んでおられた——であった。

ここへはほとんど毎夜出かけて行っては、二時間でも三時間でもおらび続け、焼酎が切れてくると家に帰って、まるでガソリンを入れるように焼酎を飲むと、また出かけておらび続けるというふうであった。

他の家は定まっているわけではなく、また何日も続けておらばれるということもなかった。それでもぼくの家も二、三回ねらわれたことがあった。

「おーい、犬養出て来い、きさまは……。」

そこまでは、はっきりと聞こえるのだが、あとはわからない。

「おじさん、いったいこの真夜中に何の用な。話があるなら、静かに話さんかいな」と出て行くと、丸坊主の頭に焼酎焼けした顔を真っ赤にして、「何ちな、話をせーちな」とすごまれる。

おじさんが何を話そうとしておられるのか理解できなかった。おじさんのほうも何度も話そうとされるのだが、言葉にならないらしく、もどかしそうに何回もつばを地面に吐いて、とうとうあきらめて帰ってしまわれた。

おじさんの奇行は福吉だけにとどまらず、金田町の医者の家の前、役場の前、派出所の前でも行われるようになった。

おそらくぼくがそうであったように、初めの一、二回は出て、話を聞こうとしても結局理解できないので、だんだん人々は相手にしなくなったにちがいない。

近所迷惑だというので、警察にたびたび苦情が持ち込まれ、その都度、警察では注意していたようだが、そんなことくらいでやめるようなおじさんではなかった。

月の明るい冬の夜など、帰りが遅くなって、たまたまおらんでいるおじさんと出会うことがあったが、おじさんはそれこそ体中真っ赤になって、その家に向かっておらび続けておられた。

その姿に何かこの世の者とは思えぬ霊気がただよっていて、背筋がゾーッとしたものだ。いつしか、福吉だけでなく金田の町でも、「おらびの丈吉つぁん」と有名になった。

しかし、毎夜おらばれる元鉱主の家をはじめ、ぼくも含めて福吉の人々は何回かこのことで話し合い、「安眠妨害だ」「他人迷惑だ」「福吉の恥だ」という迷惑論、恥論から「あんなことをしていたら、長野さんの体がもたない」という本人のため論まで出たが、結果として、「アル中だから精神病院に入れてもらうようにしよう」ということになった。

幸い（?）地区の役員（ぼくを含めて）さんたちが動き始める前に、おじさんのほうからポイッと福吉を出て行かれた。そして福吉はとても静かになり、安眠できるようになった。

人々は、ときどき長野丈吉さんのうわさをした。
「福岡の県庁の前でおらんだちよ。それでつかまえられ、病院に入れられたとか。」
「また病院を脱走して、皇居の二重橋の前でおらんだちよ。直方近くの精神病院に連れ帰られ、今度はもう出られんやろうて。」
「××病院で長野さんに会うたよ、やせて弱ってしもうて……。」

それからしばらくして、あの新聞記事を読んだのだ。

おじさんは何をおらんでおられたのだろう。妙に気になりだして聞いて回った。もちろん、みなはっきりと覚えていないが、それぞれの断片を継ぎ合わせてみて、驚いた。それははっきりとした内容をもっていた。

一口で言えば、おじさんのおらばれた内容はうらみ、つらみであった。それは人間として扱われなかったことに対するうらみ、つらみであった。

元炭鉱主の家の前では、坑内で自分がどんなにひどいめにあったかを一つ一つ、何年何月何日の何時ごろ、どこそこの切羽（採炭現場）でおまえはこんなことをしたとか、こんなことが起こったのにおまえは何もしなかったとか、それはもう正確に覚えていて、それを繰り返し語られたという。

あのグリグリ頭の中にギッシリとつめられたうらみ、つらみ、それはおじさんの苦しみの歴史だったのだ。

医者の前でおらばれたのは、おばさんが亡くなったとき、これも何時何分までもキチンとおらばれたらしいのだが、何回電話をかけても医者が来てくれず、来たときはもう手遅れであったことに対するうらみであったという。

あらためて、ぼくに何のうらみがあったのだろうと問うてみて、はっとした。ぼくのところでは日時や場所の限定はなかった。「聞いてくれ、わしの話を聞いてくれ」おじさんはそうおらんでおられたにちがいない。「聞いてくれん奴へのうらみ」、それがぼくへのおらびであったのではなかろうかと考えさせられる。

県庁前や皇居前でのおらびについては事実のほどはわからない。しかし、ぼくは、おじさんはそうしただろうと信じている。県庁では何をおらばれたのだろうか。

皇居前では、おじさんの炭坑夫としての苦しい個人史から始めて、「昭和十六年十二月一日の御前会議でおまえは何と言ったか、昭和二十年八月十五日正午、おまえは放送で何と言ったか」とおらばれたのではなかろうか。

月光に照らされたあのおじさんの霊気あふれる姿がよみがえってくる。

ところで、おじさんは焼酎の力を借りてではあるが、心の中にあるうらみ、つらみを率直にはき出された。はき出さなかったら、おじさんの身がもたなかったのだろうと思う。そして、おじさんと同じ体験をさせられ、うらみ、つらみを心に秘めている福吉の人々が、おじさんをアルコール依存症だと決めつけて精神病院へ送ろうとしたのだ。安眠妨害だとして排除しようとしたのだ。本当のことを言う人を葬ってしまう。そんな人を生かしておいたら安眠できないのだ。

現在の社会はこうして、本当のことを言う人を葬ってしまう。そんな人を生かしておいたら安眠できないのだ。

本当のことを言う人は、そんな社会の壁の前で、結局自分で自分の身を滅ぼしてしまう。長野丈吉さんを死に追いやった者の一人はぼくだ。長野丈吉さんは、そんなぼくたちの様々な刃を全身に受けて殺されたのだ。

（一九七八年九月）

上野英信先生のこと

「民衆神学者」

ぼくが『筑豊に生きて』から『弔旗』に至るあいだに経験してきたことを、もっと本質的に、そしてぼく以上に「神学的に」追求し、「記録文学」として著されたのが上野英信先生だった。後に韓国の「民衆神学」に触れ、大きな影響を受けたのだが、たとえば徐南《ソナム》同《ドン》先生が言われるように、韓国のパンソリや古い民話の中に「民衆神学」が見いだしたモチーフが現れているのと同じように、上野英信先生の記録文学の中には「神学的なテーマ」が扱われており、その意味で、ぼくは上野英信先生を「民衆神学者」と呼びたいと思っている。もとよりそれはぼくの勝手な思い込みであって、上野英信先生にとっては、きっとご迷惑なことだろうと思う。

先に触れたように、先生が岩波新書で『追われゆく坑夫たち』を出版されたのは、一九六〇年八月のことであった。そして、同じ岩波新書で『地の底の笑い話』を出版されるのが七年後の一九六七年のことである。この二冊は、五〇年代後半から六〇年代前半にかけての「筑豊」の暗闇の時代を記録しながら、まったく違うトーンをもっている。前者が「呻き」であれば、後者は「笑い」と表現できるかもしれない。水俣の石牟礼道子さんの『苦海浄土』の命名は上野英信先生だと聞いているが、上野先生はこの「筑豊」で『苦海浄土』を記録し続けておられたのだ。その『地の底の笑い話』の見返しのところに、次の言葉が書かれている。

歌は唖《むご》にききやい
道ゃめくらにききやい

理屈ゃつんぼにききやい
丈夫なやちゃいいごっぱっかい　（鹿児島俚諺）

真っ暗闇だと思えた「筑豊」の閉山炭住で喘いでいる人々の中にある、人間の輝き、深い連帯、そして祈りを上野文学は記録していく。それは上野英信先生のご自身との闘いの中で深められていく。

そんな厳しい生活は癌によって断ち切られた。炭鉱労働者に支えられ、その中で生まれた上野文学の初期は絵物語だった。厳しい労働で疲れた炭鉱労働者が寝転びながらでも楽しく読める読み物として、版画家の千田梅二さんと組んで書かれたものが『母と子の夜』（未来社）として出版されている。『追われゆく坑夫たち』や『地の底の笑い話』は先生の名を日本中に広めたけれど、先生の思いは「筑豊」の人々に読んでもらえる文学、ということから離れなかったにちがいない。晩年その先生が「自分はあのとき鬼になっていた」と言われたほど熱中して出版されたのが、『写真万葉録・筑豊』十巻だった。来る日も来る日も、山のように積まれた写真の中から厳選して短い文章をつけて出版されたもので、この写真集は元坑夫たちに大歓迎され、「出版されるたびに、買って、仏壇に供えてから読みます」という感想を寄せる人があって、先生は喜んでおられた。

もう一つのお仕事は、先に完成された沖縄の民衆史『眉屋私記』の続編を書かれることで、その取材のために沖縄に出発する日に倒れ、そのまま回復することなく亡くなられた。先生の遺言として手帳に書きつけられていたものが新聞に載った。

筑豊よ
日本を根底から
変革するエネルギーの
ルツボであれ、
火床であれ

上野英信

「筑豊」の何に向かって先生は呼びかけておられるのだろう。先生とともに歩んだ方々の中にも、この遺言は上野英信のロマンではあっても、現実にはそんなエネルギーは「筑豊」のどこにも残っていない、と言われる。

ぼくは、先生が亡くなってから、先生の本を全部読み返してみた。そして見つけたのだ。

先生は本気で「日本を根底から変革するエネルギー」が「筑豊」に隠されていることを信じておられたし、何よりそれに触れて歩んでおられたのだと思う。

『朝日ジャーナル』一九六八年一月に書かれたもので、その後、先生のいろいろな本に再録されている「この国の火床に生きて」という一文の中に収められている文書である。

「私の家を訪れる被差別部落の老坑夫たちの歩んだ足跡ほど、いまさらながら炭鉱の差別のすさまじさを、私に思い知らせてくれるものはない。とうてい言葉にいいつくしがたい通告を、彼らが坑内馬に託して語ろうとするのは、とくに印象深いことである。かつて被差別部落出身の坑内労働者に与えられた仕事の代表的なものは、いちばん生命の危険率の高い『棹取』運搬夫であったといわれているが、坑内馬の使役もまた、彼らの主要な労働の一つであった。『輜重論卒が兵隊ならば、蝶々トンボも鳥のうち』とか。なにしろ『坑夫と馬車ひきがけんかをしているのを人間がとめた』といわれる社会であってみれば、地の底で馬の手綱をとる坑夫が、とりわけいやしまれたのも当然だろう。心中の悲痛を通わせることのできるのは、ただ坑内馬だけで在ったのかもしれない。

『馬ほどみじめなもんはなかです。なにしろ電気に弱かですけん、毎日のように、一頭や二頭は死によりました。ていねいに土の中に葬ってやっておりましたが、明けの朝は、誰が盗んだのか、掘り返されて影も形もみえません。ばってん、生きて坑外にあげられる馬ほどうれしそうなもんはまたとこの世にありますめぇ。喜んで喜んで、気ちがいごと跳ねて駆けまわります。誰もとめることのでけん勢いです。ばってん、わたしゃ、綱を手から離したことござっせんばい。こっちが怪我を負うても、馬にだけは傷を負わせまいと思うが一心でなあ』と、老坑夫の一人は目をしばたたく。

さらに忘れがたいのは、ある老婆の言葉だ。『死んでまた生まれ変わってくるとしたら』——男がよか。女がよか。坑夫は嫌じゃ。そんなたわいない夢物語の中で、この老婆だけ、思いつめたような真剣な面ざしでこうつぶやいた。

『あたしゃ、ほかになーんも望みはなかが、でくることなら、ぜひ、馬車馬に生まれてきたかよ……』と。

一座は静まり返った。幼いころから坑内にさがり、ありとあらゆる屈辱に呻吟しつづけてきた彼女が、選りに選って馬車馬に生まれかわりたいとは(!)誰一人、想像もできないことであった。むしろ彼女こそ、どんな高望みをしたところで、笑うものはなかったであろうし、叶うことなら、ぜひ実現させてやりたいと願わずにはいられなかったであろうに。しーんとなった空気の中で、老婆は喘息にしわがれた声でつぶやきをつづけた。

『あたしゃ、こまかときから一生、スラ（石炭運びに使うソリバコ）ば曳いてきた。慣れた仕事たい。馬車馬がいちばんよか。坑内馬が忘れきれんと。誰かが重い荷ば曳かんとならんとなら、あたしゃ、やっぱり、馬になって荷ば曳きたかよ』

もっとも重い差別の荷を曳きつづけてきた人間だけのもつ、最後の祈りとしての熱い純粋な連帯がここにある。それに比べれば、私のような人間の連帯意識など、穢れきったエゴイズム以外のなにものでもありえないような気がしてならない。しかもなおかつ、この筑豊の廃墟に生きながらえてゆくに値するものがあるとすれば、私もまた、『馬車馬』と化して、えいえいと差別の重荷を曳きつづけることだけであろう。」

おわりに

上野英信先生は、この高齢の女性に「日本を根底から変革するエネルギー」を見られたにちがいない。ぼくも前述の上甲スギさんの行為に、「神さまが共にいてくださる」ことを実感した。でも、今の「筑豊」では上甲さんのような人にはもう会えない。民衆神学に「脈」という考えがある。火山の地下に埋もれているマグマのようなエネルギーが、ある時、ある場所で噴出する。一九五〇年代から六〇年代にかけての「筑豊」はそんな噴出があった場所の一つだった。そこで起こったことを書き留めて、学ぶことはできるが、そこで起こったことを再現することはできないと思う。「脈」は繋がっていて、どこかでまた噴出するにちがいない。それに触れた人がそのことを記録してくだされぱいい。

ぼくはそんなふうに考えている。ぼくが「筑豊」でした経験が、聖書に証しされているイエス・キリストとどう関わるのかは、ずっとぼくの課題で、日曜の礼拝を通してそのことと格闘している。奉仕の対象でなく、宣教の対象でもなく、すでに起こっているイエス・キリストの出来事に驚き、こちらも参加させていただきながら、聖書で吟味できればと願っている。教会は、宣教する場所ではなく、イエス・キリストの出来事が起こっている場所である。そこにテントがけしてでも、居させていただき、出来事がなくなったらテントをたためばよいと思っている。

(『低きに立つ神』〔コイノニア社、二〇〇九年〕より)

ぼくにとっての教会

［本稿は、一九七六年一月に、福岡のバプテスト連盟の若い方々の集まりである「ラザロ会」でお話をしたものがもとになっています。］

はじめに

日本基督教団福吉伝道所という筑豊にある小さな伝道所の牧師をしている犬養です。きょうは「教会」についてお話しする予定ですから、まず福吉伝道所のことを紹介します。日曜日の礼拝は朝十時から十一時までの一時間で、出席者は多いときで十二、三名、少ないときは五、六名です。そこで一九六六年から歩んできたわけですが、一回も洗礼を授けたことがありませんし、受洗者を出したこともありません。また聖餐式を執り行ったこともありません。

三月になりますと、教団の事務局に一年間の教勢報告を出さなければなりませんが、福吉伝道所は最初の数年間は、信徒はぼくとぼくの連れ合いの二人でした。他の教会から転入した方が二人おられましたから四名。ほかは報告上では求道者ということになります。洗礼、聖餐といった、いわゆる聖礼典をなぜしてこなかったのかということについて、これは大問題ですが、きょうはそれに触れないでおこうと思います。聖礼典が行われない「教会」はそもそも「教会」でないと考えている方もたくさんおられますから、そういう方々にとっては福吉伝道所は「教会」でないということになるでしょう。

また非常におかしな形ではありますが、福吉伝道所は日本キリスト教団に所属しています。そして教団は、これもいろいろ難しい問題がありますが、「日本基督教団信仰告白」をもっていて、それには「教会は公の礼拝を守り、福音を正しく宣べ伝え、バプテスマと主の晩餐との聖礼典を執り行い……」とありますから、その面では福吉伝道所は明らかに「信仰告白違反」ということになるでしょう。

さらに、ぼく自身は聖礼典を絶対に行わないと決めているわけではありません。その意味するところがよくわからなかったのです。その意味を尋ねて、今日まで歩んできたというだけで、今後どうなるかはわかりません。特に聖餐に関してはある感覚を与えられています。

とにかく、福吉伝道所は今までのところ、こういう歩みをしてきたということだけを報告しておきます。

「教会」を考えるきっかけ

さて、「ぼくにとっての教会」という題でお話しするわけですが、どうしてぼくが「教会」の問題に焦点を合わせて語ろうと思うようになったのか、そのきっかけについて、まずお話をいたします。

一つは、カネミ闘争に関わっている中から出てきたものです。

ご存じの方もおられるかもしれませんが、カネミ油症事件は、食用油に混入していた猛毒化学物質PCBによって一九六八年に西日本一帯に発生した食品公害事件です。そのカネミ倉庫株式会社の門前に無期限の座り込みをしておられた紙野柳蔵さんが、三年八か月にわたる厳しい闘いを終えて、門前から去られました。ぼくたちは、「カネミ門前から去られた」ことの意味をいろいろ考えてみるわけです。

紙野さんは、本当に深い祈りと聖書の学びの中から神の声を聞いて歩まれる方で、ぼくなどにはそのときの行動をその場ではなかなか理解できず、あとになって知らされて驚くことがしばしばありました。賠償請求訴訟の原告であることを自ら降りられたことも、かなり経ってから、それがもつ意味の重大さに圧倒されていました。

それはさておき、その紙野さんが言われるのに、「今、われわれが本気で問題にしなければならないのは『教会』だ」と。紙野さんが「教会だ」と言われるときには、自ら歩まれたカネミ闘争の総括がそこに含まれています。「生命とは何か」「真の連帯＝共同体とは何か」「愛と義＝赦しとさばきとは何か」といった、カネミ闘争で問われたすべての問いの総括として「教会だ」と言っておられるのです。

例によって、その「教会」に紙野さんがかけておられる意味をぼくは理解できていないのですが、ぼくもまた、共に歩むことを許されたカネミ闘争で問われているのは、「教会」であると考えています。その点において、今後の歩みを考えたい。いや、「教会」とどう繫がるかということを抜きにして、公害闘争で問われた問題に答えられない、そう思うのです。

具体的にどんなことを考えているかについては、後ほど触れることにいたします。第二に、「教会」の問題について語るには、語るべき場所があると考えています。だいたい以上二つの理由で「ぼくにとっての教会」という題を掲げました。

「教会」についての書物

さて、きょうは、非常に具体的な面から「教会」について考えようとしているわけですが、出版されている書物の中にも、「教会」についての本がかなり多くあります。きょうの話では詳しく触れませんが、これから「教会」の問題を考えていくにあたって参考になると思われますので、ちょっとだけ概観しておきます。

まずカトリックの人ですが、ハンス・キュンクという人が、日本語訳で上下二冊の『教会論』（新教出版社）を書いておられます。カトリックの中だけでなくプロテスタントでも話題になった書物です。

カルヴァンの研究家である渡辺信夫先生が『カルヴァンの教会論』（一麦出版社）という本をお書きになりました。学問的な評価はぼくなどにはできませんが、「あとがき」に書かれているように、この本は単なる学術的な論文ではなく渡辺先生の戦後の三十年の歩みの総括、もっと言えば先生の戦争責任と戦後責任の総括です。戦後三十年の歩みを「教会論」をもって総括するという、先生のその姿勢に打たれるわけです。

ずっと以前に出版された『教会論入門』（新教出版社、新書版）が、この『カルヴァンの教会論』によって日本の現場の教会の問題として展開されていることにも気づきました。

紙野柳蔵さんが「教会の問題」が大切であると言われるとき、ボンヘッファーの影響が非常に強いのですが、ボンヘッファーがナチとの闘いの中で深めたのは、キリスト論とともに教会論でした。ボンヘッファーの『教会の本質』（新教出版社）という小さな書物がありますが、そこに彼の「教会論」のエッセンスがあります。

無教会の立場からの「教会論」、高橋三郎先生の『教会の起源と本質』からも多くのことを教えられます。そのほか、E・シュヴァイツァーの『新約聖書における教会像』（新教出版社）、藤井孝夫先生の『教会――その存在の秘義をめぐって――』（日本基督教団出版局）なども素晴らしい書物です。

それ以外にも「教会論」については数え切れないほどの本があるでしょうが、さしあたりぼくたちはこれらの書物に助けられながら、ぼくたちの「教会論」を考えていきたいと思います。

これらの本の著者は、いわゆる神学者ではなく、教会の牧師であり、また「教会」を学問的に探求している人々ではなく、「教会」の中で生きていることを感謝しつつ、その「教会」を問題にしておられる方々です。ですから、ぼくたちの問題と重なってくると思って紹介いたしました。

「教会」の問題を語るべき場所

「教会」の問題については語るべき場所があると申し上げましたが、既成の教会では、「教会論」の話などしても仕方がないのではないかと感じます。

たとえば、先に紹介した書物を学んでも、「なるほどカルヴァンはこう言っている、ボンヘッファーはこうで、無教会はこうだ」と語られても、「では、わが教会の問題として」ということになると、いろいろな鎖に繋がれていて、ちょっとやそっとでは、そのほんの小さな部分も変えられません。それで、頭では立派な「教会論」が展開できても、所属している「教会」の実体は、それとはまったく別のありきたりのものが無批判に継続されている場合が多いのです。「教会」とは本来こういうものだと理解されても、現実の「教会」は、それぞれ伝統や何やかやがあって変わらないのです。

もっともぼくは、そういう「教会」を全部否定的に見ているわけではありません。伝統や形式にしても、それはある必然性があって生み出されたものですから、尊敬をもたなければならないと思っています。しかし、ずいぶん無自覚的に受け継がれていると思えてならないものが少なくないのです。

ですから、「教会」について学びつつ、新しい教会を形成していくことが必要だと思います。そういう期待をもって語らせていただきます。以上が、まえおきです。

日本の「現実」と「教会」

ぼくが生まれ育ったのは大阪で、家から地下鉄でわずか十五分くらいのところに釜ヶ崎がありますーぼくの友人たちが暮れから正月にかけて、この釜ヶ崎で越冬闘争をしていました。御飯の炊き出しをしたり、路上で寝る人の布団を世話したりするのですが、あるとき、一人の先輩が、一度見に来いと声をかけてくださいました。筑豊の炭鉱離職者で、流れ流れて釜ヶ崎に来た人々もたくさんいるから、おまえには来る責任がある、というわけです。

それで、筑豊から一月三日の夜に行ったのです。そして本当に驚いてしまいました。ぼくはいつのまにか「筑豊は日本の底辺だ」と思い込んでいたのですが、それが間違いであることを知らされました。たしかにぼくたちが初めて筑豊に来たときは、「筑豊は日本の底辺」でした。食べる物、着る物、住む場所がなくて、人々は裸でした。しかし、今は違います。食べられない人、着られない人、住まいのない人など、筑豊にはいません。それでぼくの認識は、「日本の底辺」である筑豊すらこんなに豊か(?)なのだから、日本はどんなに豊か(?)であろうかと考えていたのです。そして、ときどき福吉から出て見る都会は、ぼくのその認識を裏づけてくれました。「筑豊」がこんな具合なのだから、もう日本中のどこへ行っても、食べられない人、住む家のない人、着る服のない人などいないだろうと、浅はかにも考えてしまっていたのです。

ところが、釜ヶ崎の現実はそんなぼくの考えを吹き飛ばしてしまいました。この現在の日本の「繁栄」の中で、餓死者、凍死者が続出しているのです。夜の医療パトロールに参加しましたが、車のガレージのようになったビルのコンクリートの上に、越冬実行委員会が用意したせんべい布団を敷き、毛布一枚をかぶって何十人という人々が寝ています。

越冬実行委員会から出されている『釜だより』というパンフレットの中に、「越冬活動に参加せよ」という呼びかけの文章が載っています。


「越冬活動の第一の目的が、何よりもまず死者を出さないということにあるのは、言うまでもないことです。しかし、このことをよく考えてみると、実に恐ろしいことだと思います。一方には釜ヶ崎のように人が飢え、凍死している現実があり、他方それとはまったく逆に満たされた社会があるので、いったいどちらが今の社会の本当の姿なのか。釜ヶ崎か、それとも釜ヶ崎以外の社会なのか。あるいはどちらも今の社会の姿なのか、越冬を支援するときに、この問いはきわめて重要なものであります。生活環境が異なり、少なくとも与えられた状況の中で餓死することも、ましてや凍死することもない私たちは、越冬を支援するということは、この社会の中で確かなものは何もなく、実は私も常に飢えと凍死の可能性に背後からおびやかされていることの自覚にほかなりません。

確かさは、むしろ釜ヶ崎で、ごく普通の労働者が、寒空の下で、空きっ腹をかかえて死んでいっている中にあります。私たちにとって支援とは、釜ヶ崎に来て、幸せな自分を振り返ることではなく、そこから自立して生きることであり、釜ヶ崎の日雇労働者の生き様と、自らの生き様を対決させて、共に生きるということにあると思います。その時にはじめて一方的な救う、助けるという関係ではなく、救い救われ、助け助けられるという関係が出てくるのではないかと思います。」


「教会」についてのお話をするのにあたって、なぜ釜ヶ崎のお話をしたかと申しますと、「現実」とはいったい何なのかを考えてみたかったからです。餓死し、凍死する人が続出している釜ヶ崎が現実なのか、それとも、たらふく食べ、あり余るなかで勝手気ままに生きているぼくたちの触れている社会が「現実」なのかを問うてみたいのです。

あるミッションスクールの寮で夕食を呼ばれてビックリしたことがあります。前菜から始まって、出るわ出るわ、次から次に料理が運ばれて、食事が終わったら果物が出、それで終わりかと思ったら、アイスクリームが出てきて、たまげてしまいました。「きょうはだれかの誕生日ですか」と聞いたら、「いいえ、毎日こんな具合です」との答え。それに、そんなにたくさんの料理が出てくるものですから、残すわ残すわ……。こんな状態の中で、餓死などという事態がはたして本気に理解されるのでしょうか。
いったい「現実」とは何なのでしょうか。この問いを、そっくりそのまま「教会」にも当てはめてみたいのです。

教会の「現実」

ぼくは、南大阪教会という大きな教会で育ちました。戦後のキリスト教ブームの中でどんどん大きくなり、礼拝出席者が二百人を超えていました。その大きな教会が、先の戦争中はどうであったかというと、ほんの数えるほどの人たちによって支えられるという状況でした。戦前もかなりの人々がいたのですが、皆どこかへ行ってしまったのです。
先般、ぼくはたまたま、この教会からお招きを受け、百人余りの人々と礼拝を共にしましたが、はたしてこれは真実だろうかという思いにとらわれて、どうしようもありませんでした。今はこうして何ということはなしに大勢集まっているけれども、何かちょっとした問題が起これぼすぐに、あの戦争中のように数名になってしまうのではないか。戦争のさなか数名で礼拝を守った姿、それを「現実」として押さえておかなければならないのではないか。百人、二百人と集まっているのを「現実」と見てよいのか、と。

福吉伝道所は、先ほどお話ししたように日曜日には十人足らずの集まりです。けれども、厳しい時代が来て、教会が追いつめられたときにも、今と同じように十名の集会をもてたとすれば、それはとても尊いのではないか。そんなふうに思います。福吉伝道所の人々が変わりなく日曜日の集会を守れるかどうか、ぼくにはまったく自信がありません。神さまの憐れみなくして、ぼくたちの頑張りなどで実行できることではありません。とはいえ、何を「現実」として歩んでいるかは、非常に重大な視点だと思います。

問題が出てくると消えてしまう「教会」ではなくて、どのような問題に直面してももちこたえ得る「教会」。それは何なのでしょうか。「教会」はどんな現実を拠りどころとし、どんな「現実」から出発すればよいのでしょうか。それがぼくに問われている問題です。

「教会」の拠りどころ――神の御言葉

紙野さんご一家が、カネミ門前を去って添田へ帰られてから、柳蔵さんは「創世記」を日曜日に話しておられると聞きました。紙野さんの生活は、日曜日だけでなく、文字どおり聖書と共にあるものです。普通にお話をうかがっていても、聖書の言葉がどんどん出てきます。それも、ぼくたちのよく読み、よく知っている箇所ではなくて、知らない聖句が出てきます。

ある教派の人たちがしているように、聖書をただ引用しているだけというのとは違って、紙野さんの場合は、引用した聖句はみな、ご自分の生活の中で確かめられたものばかりです。ぼくはこれでも牧師の端くれですが、紙野さんの前に出ると恥ずかしくてたまりません。

その紙野さんが、「教会」だと言われたことについてはすでに述べましたが、それでは、その「教会」は最終的に何に拠って立っているのかと問われれば、それは「神の言葉」であると言わざるをえません。「神の御言葉」です。私たちの「教会」が本当に「神の御言葉」に立っているのか、「神の御言葉」で養われているのか、そのことが問われなければならないのです。

神の御言葉によって生き、神の御言葉に拠って立っている教会とは、いったいどんな教会なのでしょうか。それは言葉を換えれば、他の何ものでもなく神の言葉によってのみ養われてきたという体験が、教会のメンバー一人ひとりの中に定着しているかどうかということでもあります。

一九七一年八月に愛農会の創立者、小谷純一先生に出会ってから、ぼくは農業問題の重要さに目が開かれました。毎年冬と夏の二回、三重県にある愛農学園というところで聖書研究会がもたれるのですが、そこに参加する農業に携わっておられる方々と交わりをいただくようになりました。そして、農業問題は単なる経済問題や食糧問題であるだけでなく、日本の国の存亡に関わる大問題だということを知らされたのです。このことについてもお話ししたいことがたくさんありますが、きょうの主題から離れますから、多くは触れないことにします。

日本の国全体から見ると、農業は軽視されていると言えるでしょう。工業立国を唱えて以来、この国はその路線の上を驀進してきました。工業製品を輸出する日本は、その見返りとして食糧を大量に買っているわけです。お米がダブついて、減反政策が採られていますが、なぜお米が余るのかといえば、多くの日本人がパンやうどんを食べるようになったからです。パンやうどんが好きなのは仕方がないのではないか、と言われます。確かにそうでしょう。けれども、それだけではないようです。日本の工業部門の資本家やそれらと結託しているお役人たちによって、ぼくたちは小麦粉好きにさせられてしまったということがあるようです。小麦粉を輸入することなしに、彼らの工業製品が売れないからです。ですから、日本の農業政策は農林省（現、農林水産省）の問題であるよりは、むしろ通産省（現、経済産業省）の問題であるというのが真相のようです。

それはともかくとして、一般に軽く扱われている農業問題に目を向ける人々が増えてきていることも確かです。食糧自給率が四〇%に満たない現実は何といっても問題です。農業問題にもっともっと関心を示し、対策を立てていかなければなりません。ぼくの友人たちの中にも、九州大学を中退して農業を始めたり、それまで勤めていた商事会社を辞めて農業に従事したりする人たちがいます。彼らの生き方から多くのことを教えられています。

しかし、最近、あるキリスト者の友人が、食糧危機が来たときにも生き延びられるようにと農業のできる土地を探していると、真剣に語っているのを聞き、ぼくは考えさせられてしまいました。食糧危機など来るはずがない、と高をくくっている人々のことを思えば、彼の緊張感は素晴らしいことだと思います。また、ぼくたちと同じくキリストを信ずる者として、彼が自分や自分の家族だけが生き延びられればよいと考えているなどとは思えません。問題は、農業に携わっていれば生き延びられるという、その発想そのものにあります。本当に農業は工業より生命に近いのでしょうか。このことは、はっきり突きつめておかなければならないでしょう。

出エジプトを決行したイスラエルの民が、シンの荒野で食糧がなくなったとき、どうなったでしょうか（出エジプト一六章）。

あれが起こったのは農村ではありません。農業などまったくできない荒野で、彼らは神さまの御言葉によって養われたのです。神さまがうずらを呼ぶと、うずらが来、マナのことを語ると、マナが降ってきました。農業などまったくできない土地で、神さまの御言葉に養われたというのが、シンの荒野での出来事であり、それがイスラエルの原点でもありました。
エレミヤはこの時代のことを蜜月として描いています（エレミヤ二・二）。

「わたしは、あなたの若いころの真実の愛、
婚約時代の愛、
種も蒔かれていなかった地、荒野での
わたしへの従順を覚えている。」

農業は生命に近い、農業をやっていれば飢えない、というのは人間的な考えで、聖書的ではありません。教会は御言葉によって養われるところだと言いましたが、御言葉に養われるとは、イスラエルがシンの荒野で体験したことです。繰り返しますが、そこは荒野であって、農業などまったくできない場所でした。
ある農業者の集まりで、現在の農家の窮状が訴えられ、皆が暗い思いになっていたとき、講師の一人が「今に食糧危機が来れば、都会の人々はあわてふためくだろう。生きていけなくなるだろう。その時こそ我らの天下だ、我らは食糧を生産しているのだから。必ず近

い将来にそういう時が来るのだから、今の窮状に耐えよう」と語り、少なからぬ賛同があったということを聞きました。都会人たるぼくには、このことを云々する資格はありません。そのように考えることによってしか、現実の窮状に耐えられないところにまで追い込んでしまったぼくたちの問題をもっともっと追及しなければならないでしょう。

しかし、キリスト者までもがこうした考え方で歩み始めることには、ぼくは問題を感じます。それは御言葉によって養われることとはまったく違ったことだからです。

現在の農業は工業と表裏一体であって、工業が打撃をこうむれば、そっくりそのまま農業にも打撃となります。石油のこと一つ考えてみても、これがストップすれば、困るのは工業社会だけでなくて、農業社会も完全にマヒしてしまうのは明白です。そのことを考えれば、農業に対して甘い幻想をいだくのはやめて、御言葉に養われるとは、いったい何を意味するのかということを、今、真剣に問わなければならないでしょう。

有名なイエスさまの荒野での誘惑において、サタンは言いました。

「あなたが神の子なら、これらの石がパンになるように命じなさい。」

それに対するイエスさまのお答えは塚本虎二訳では、次のようになっています。

「〝パンがなくとも人は生きられる。もしなければ、神はそのお口から出る言葉のひとつひとつでパンを造って、人を生かして下さる〟と聖書に書いてある」（マタイ四・三〜四）。

これは本当に素晴らしい訳です。こんな訳は、シンの荒野のイスラエル人のような体験をした人にしかできないと思います。そして、ぼくたち一人ひとりもその場所に立たせていただくことこそ、今日の問題なのです。

「ここには生命がある」、「こちらへ来れば生き延びられる」といった声が、時代が暗くなればなるほど、あちらからもこちらからも起こってくるでしょう。しかも、まことしやかに、そして一面の真理を携えてやって来るでしょう。

農業の素晴らしさ、それを立て直すことは、日本の存亡に関わることです。それは真理でしょう。しかし、農業が生命に近いと考えると、そこから新しい問題が発生するのです。

農業という問題を一つの例としてお話ししたわけですが、同じように、今日、教会を御言葉のみによって養われる場から引きずり落とそうとする誘惑は、実に大がかりに行われているのではないでしょうか。私たちの「現実」は、神の御言葉にある、イエス・キリストにあるということを、この繁栄の中で、拠り頼むべきものがたくさんあるように見える中で、日々確認していかなければなりません。

エレミヤ哀歌の中に、エルサレムが神のさばきのもとで滅ぼされようとしているとき、最もあわてふためいたのは宗教人であったと書かれています。

「私は、私を愛する者を呼んだが、
彼らは私を欺いた。
私の祭司も長老たちも、
都の中で息絶えた。
気力を取り戻そうとして、
食物を探していたときに。」（一・一九）

「私を愛する者」とは同盟国のことですが、頼みとしていた同盟国は、欺いて助けてくれない。そればかりでなく、日ごろ、神の言葉を語り、神の言葉で養われることの素晴らしさを説いてやまなかった祭司や長老たちも、「気力を取り戻そうとして、食物を探し」、そうしている間に「都の中で息絶えた」というのです。

民が食物を求めてウロウロすることはわかるとしても、どうして、「神の言葉」で養われているはずの祭司や長老たちがこんなぶざまなことになったのでしょうか。

祭司は、民が神にささげるささげ物で生活していました。民は神にささげたのであって、祭司にささげたのではない、と言われていました。そして、祭司は神から必要なものを与えられていました。　祭司は神からいただくのであって、民からもらうのではないと言われていました。　実際は、民がささげる物で祭司が生活していたのですが、「宗教的に」カッコヅケられていたのです。

民が、もし神にささげるのであれば、自分の側にいかなることがあっても、神にささげるべきです。(事実、ユダヤ人の神への約束は厳しく守られていて、安息日厳守やささげ物の規定を守るその厳格さは、ぼくたちからは異常に見えるほどです。)

エルサレム滅亡という非常事態の中で、民はささげられなくなりました。

祭司がもし「神の言葉」で生きていたとするなら、その非常事態の中で「神の言葉」はどんな「うずらやマナ」を生み出したか、祭司や長老の役割は、ここにあったのに彼らは「食物」を求めてウロウロし、そして息絶えたのです。

ぼくはこの哀歌の描写を自分のこととして、いつも深く考えさせられています。「教会」は「神の言葉」にのみ立ち、「神の言葉」によってのみ養われる。それが第一の問題です。そしてこのことは、伝統的に言われてきた、「礼拝」「聖書の学び」ということの中で起こってくることです。

教会の「外」からの問いかけ

第二の問題に移りたいと思いますが、これから述べることは、これまで述べてきた第一のことと、どう繋がるのか、実は厳密な意味では、今のぼくにはわからないのです。矛盾しているのではないか、と言われたら、「そうですね」と言わざるをえません。しかし、ぼくにとっての「教会」を考える場合、これから述べることも第一のことと同じ重さで、ぼくにとっては重大なことなのです。それは、「教会」は常に外側から問題を与えられて、そして、あえて言わせていただければ、外側からその解決を与えられてきたという事実です。

「神の言葉」であるイエス・キリストからすべてのことが始まり、すべてのことはこのイエス・キリストの中にあることを、今日ますます確信させられていますが、それとともに「教会」がとらえているイエス・キリストは、なんと小さな存在であろうかとしばしば考えさせられています。

今「教会」の外、という表現を使いましたが、それは、「教会」がとらえている小さなイエス・キリストを「内」だと考える場合に出てくる「外」という意味で、決して本来の意味でイエス・キリストの外、「教会」の外などないとぼくは考えています。

教会の「外」とは何か

「祈っていればよい」「聖書を学んでいればよい」とよく言われます。そのことが間違っているなどと言うつもりはまったくありません。しかし、「祈っていればよい」「聖書を学んでいればよい」と言われる方々の多くは、ぼくからすると、とても小さなイエス・キリストに必死にしがみついておられるように見えるのです。イエス・キリストは祈りや教会や聖書の中だけにしかおられない。それで他のことはすべて「外」の問題だと、その方々は思っておられるようです。さらに「外」は暗闇で、そんなところへ出て行くことは罪を犯すことだと思っておられるようなのです。

しかし、この世で起こることで、イエス・キリストに関わりのないことがあるのでしょうか。「内」を問題にする人に、あえてぼくは、「外」にある問題、そして、そこに与えられている解答を話してみたいのです。

「教会」の外側、内側ということを問題にしているわけですが、このことの解答を聖書に求めるとすれば、ヘブル人への手紙一三章一一節から一三節以上の箇所はないと、ぼくは思っています。

「動物の血は、罪のきよめのささげ物として、大祭司によって聖所の中に持って行かれますが、からだは宿営の外で焼かれるのです。それでイエスも、ご自分の血によって民を聖なるものとするために、門の外で苦しみを受けられました。ですから私たちは、イエスの辱めを身に負い、宿営の外に出て、みもとに行こうではありませんか。」

ぼくはまだ、「教会」の内にイエス・キリストと出会う場所はないなどと言うつもりはまったくありません。しかし、ヘブル人への手紙が語っているように、みもとに行くために、「教会」を出なければならないのではないか、という思いがあります。

きょうも福吉伝道所の方々と礼拝後に話し合ってきたのですが、ぼくは何か社会の問題や運動にばかり関わっていると一般に思われているようです。確かに毎月第四土曜日には、朝の七時から夜の七時まで一日、カネミ門前で座り込みをしています。土曜日は牧師にとっては大切な日です。それなのに勉強もしないで座り込んでいることが理解できない様子です。

食べていくために筑豊でダンプカーを運転したり、土方をしたりしてきました。在日朝鮮人・韓国人の問題（実は日本人のぼくの問題）に関わらざるをえなくなって、研究会に出たり、裁判に出たり、NHK（人格権訴訟）に行ったりしています。農業問題に目を開かれたら、田んぼに入って何かやっているわけです。それで「犬養はいったい何をやっているんや。あれでちゃんと礼拝を守っているのか」と批判されるわけです。

この間も、友人が福吉伝道所の聖書研究会のテープを聞かせてほしいと言うので、送ったところ、彼の所属している教会の牧師さんといっしょにそれを聞かれたそうですが、その牧師さんいわく、「へー、犬養さんもちゃんと聖書を勉強しているんですなァー」。

ぼくは自分としては、一生懸命聖書を学びつつ歩んでいるつもりです。もっとも、筑豊の結核患者さんに寄り添って伝道をした尊敬する野沢治作先生も、お亡くなりになる最期まで、「犬養君は聖書を学んでいますかな」と心配してくださっていたようなので、ぼくはいつも「聖書を学ぶ」という原点から離れることのないよう、十分気をつけなければならないと思っています。

しかし、他の人々が「犬養は何か外のことばかりやっている」と言われるなら、開き直って、「そのとおりだ」と答え、「外」と言われるところの重要性、さらに「外」こそ「内」ではないかと叫びたい衝動にかられます。「教会の内で、礼拝と聖礼典だけをしていれば、それで十分だ」と言われる方々には、あえて何も言おうとは思いませんが、少なくともぼくにとっては、一般的に「外」と考えられている場所で、伝統的な教会が問い、また答えてきた問題を学ばされてきたのです。

そういうわけで、「ぼくにとっての教会」を考えるにあたって第二番目の問題として、「教会はいったい具体的な何と関わっているのか」をどうしても問いたいのです。

御言葉において教会が生まれ、御言葉に養われているかどうかは、教会にとって第一の問題です。これをはずして教会はありません。しかし、第二の問題として、教会は常に「外」側から問われ、そのことにおいて教会になってきたのではないでしょうか。外側を切ってしまって、内側だけでやっていけると考えられた教会は歪んだし、そもそも教会でなくなってしまったのではないでしょうか。

以上述べましたことを、具体的な例をあげてお話ししたいと思います。

教会が「外」から問われたこと――筑豊の例から

いわゆる「筑豊」と呼ばれるところに、日本基督教団に属する教会が六つあります。既成の教会が四教会と、伝道所が二つです。

既成の四教会のうち、田川教会と直方教会は歴史のある教会です。田川教会は一九〇二年（明治三十五年）に伝道が開始され、直方教会はそれより三年早い一八九九年（明治三十二年）に伝道が始められています。

次に飯塚教会ですが、これは一九三〇年（昭和四年）ごろから伝道が開始されていたようですが、飯塚教会として本格的に歩み始めたのは、戦後の一九五二年（昭和二十七年）ごろからです。そして宮田教会は一九四七年（昭和二十二年）に伝道が始められています。

次に、わが福吉伝道所と筑豊上豊州伝道所ですが、福吉伝道所は一九六五年（昭和四十年）に開設され、一年遅れて一九六六年（昭和四十一年）に筑豊上豊州伝道所が歩みを始めています。

こう見てきますと、非常におもしろいのですが、明治三十年代にできた教会が二つと、実質的に伝道が開始されたのが戦後すぐという教会が二つ、そして、昭和四十年代の初めにできた伝道所が二つです。

筑豊には「筑伝奉」（筑豊協力伝道奉仕会）という組織があって、六つの教会、伝道所が協力し合っています。何回も例会を開いて、交わりをもってきたのですが、それぞれの教会が抱えている問題に、はっきりと目を開かれたのはつい最近です。北九州地区（筑豊の各教会が属している地区）の宣教研究委員会で、地区内の各個教会の歴史を学んだのですが、その中で筑豊の教会の問題が見えてきました。

田川教会のことを例にとれば、教会が炭鉱町のど真ん中にあるにもかかわらず、そして炭鉱関係者が多く教会にいたにもかかわらず、炭鉱の問うていることをまったく問題にできませんでした。そのあたりのことを、田川教会の牧師である原野和雄先生は次のように語っておられます。

「大分にリバイバルが起こったといわれる。S・H・ウェンライト宣教師は、『熊本バンドは国家的、横浜グループは教会的、札幌グループは個人的であったと言われるが、大分グループにもまた一つの特徴があり、それは霊的であった』と性格づけをしている。田川教会も霊的であったといわれる影響のもとにあった。

宮原善之助牧師（在職二十年）、米倉次吉牧師（在職二十二年）も祈りと伝道に熱心であった。その情熱と努力には敬服させられるし、その成果も大であった。

しかし、霊的であるということの他の側面の性格も現れてきた。それは、内面的、個人的な信仰理解を持つという傾向である。信仰、教会、霊の世界と、社会、経済、政治の世界とが平行線をたどって交わらない。」

原野先生は、田川教会の福音理解に焦点をあてて述べておられますが、当時の田川教会の構成員の問題もあったようです。つまり、同じ炭鉱関係者といっても、田川教会に集っていたのは、坑夫やその家族ではなく、多く職員であり、そのほとんどは管理職として他から田川へ来た人々であったようです。つまり、「教会」のすぐ外には、「教会」が問題にしなければならない重大なものがあったのに、「教会」はそれを問題にすることができなかったということです。

原野先生によれば、そんな田川教会がどうしても「外」の問題に触れざるをえない機会が、長い歴史の中で二回あったようです。それは「教会」がその本質を問われる重大な機会でしたが、残念ながら「外」の問題を「内」の枠組みの中でしか理解し得なかった、と原野先生は言われます。

「それが（教会と社会とが）触れ合わざるをえなかったのが戦争中であり、閉山の時代であったろう。しかし、その触れ方がやはり個人的なレベルにとどまっていたのではなかったか。

戦争中、朝鮮人の会員が増えるという現象に対しても、そのころには、筑豊の各炭鉱で朝鮮出身の鉱員が多数働くようになっていた。日本の植民地支配により生活を破壊されて日本に流れて来た人たちがいた。朝鮮でキリスト者であった人たちが多かったであろうが、日本で洗礼を受けた人もいる。この人々の中には、家庭を開放して家庭集会をした人もいる。《金田、糸田、川崎、豊州》礼拝出席もこの人たちがほとんどであったし、彼らが生活物資を持って来て牧師を励ましたりして、教会が朝鮮出身者によって支えられる時代となっていた。（現在使っている講壇も、当時の一労働者によって寄贈されたものである。）同じキリスト者がいるということにすぎず、彼らが日本にいる（おらざるをえない）という社会的背景との関係では見られなかったようだ。

閉山による困窮者との関係も、貧困者個人個人への援助という形を取り、奥にある社会構造との関わりは必ずしも意識されていなかった。（これはまた、キリスト教全般についてもあてはまる。）『教会は筑豊の中にあったが、教会の中に筑豊はなかったのではないか』という疑問の抜けきらないゆえんである。」（以上は「北九州地区に在る教会Ｉ」）

田川教会の問題を長々と語ってきましたが、「教会」がいかに「外」から問われているかわかっていただけたかと思います。そして「教会」はしばしば、それはまさに「外」の問題であるとして、「教会」とは関係がないと思い込んできたのです。そんな「教会」が問題の所在に気づき始めるのは、文字どおり「教会」が「教会」として、もはややっていけないほどの厳しさで「外」から問われた時です。

田川教会の場合は、一九五二年（創立五十年）当時、会員は八十七名、礼拝出席も朝七十七名、夕二十五名であったのが、一九七六年では会員三十三名、礼拝出席は二十八名となりました。現在の田川教会は、この線から新しい歩みを始めているわけですが、わずか一、二年の間に、会員数も礼拝出席者も半分以下になってしまった当時は、もう「教会」として成り立っていかないのではないかと考えられたこともありました。いわゆる職員として他から田川に来ていた人々は、石炭斜陽化のかけ声とともにいち早く配置転換させられていきました。

「教会」がそういう問題をもっていることは、朝鮮人によって支えられていたあの戦争中の姿を思い浮かべれば、明らかであるのに、戦後のキリスト教ブームの中で「教会」にたくさん人が集まると、もうそんな意識は吹っ飛んでしまうのです。いや、隣の「教会」から鋭い問いかけがあったのに聞けなかったのです。

「田川教会」のことを紹介しつつ、「教会」が外側から問われているのに、それを受けとめることがいかに困難であるかについて語ってきました。田川教会が外側から問われている「教会とは何か」という本質問題を本気で受けとめざるをえなくなるのは、もはや「教会」が今までの「教会」を維持していくことができないほど、強烈な形で問われた時です。いや、原野先生たちが問題にしておられるのは、それほど強烈な形で問われたにもかかわらず、やはり「教会」はそれを受けとめ得ていないのではないかという問いかけです。戦時中の教会も、もはや今までどおりに「教会」が維持できないような強烈な形で外側から問われましたが、それを受けとめることができませんでした。同じように外側からの問いかけを受けたドイツの教会のある部分は、そのことを真正面から受けて、いわゆる教会闘争が闘われました。そして、戦後の「教会」問題についての本質的な部分は、あの教会闘争に負っていると言えます。では、なぜ日本の教会は、教会闘争が闘えなかったのでしょうか。このことについても実に多くの議論がなされました。はじめにあげた『カルヴァンの教会論』は、渡辺信夫先生のこの問題についての一つの総括だと思います。

ぼくには、まだまだ「教会論」などという大それた議論をする能力はありませんが、問わなければならない問題だけは見えてきたように思えるのです。

教会の「外」にあるもう一つの教会

ところで、「教会」の外という場合は、今までのところ、キリスト教会の外という意味で使ってきましたが、実は一つの「教会」にとっては、他のもう一つの「教会」も立派な外でしかないこと、したがって、隣の「教会」が苦しみ、それゆえに突破させられたことが、自分の「教会」では外のことでしかなく、まったく伝わらないという事実についても考えておかなければなりません。

このことも、具体的に筑豊の教会で例をあげてお話しします。

先に触れた筑豊にある教会の中で第二のグループに属する宮田教会は、創立当初は大之浦教会と呼ばれていました。その名前があらわしているように、貝島大之浦炭鉱のど真ん中にあった教会です。

伝道の開始は一九四七年（昭和二十二年）で、牧師の服部団次郎先生は、大之浦炭鉱の一坑夫として歩み始められます。

ぼくは同志社大学の学生のころ、関西労働者伝道インターン生として一年間働き、また学ばせていただいたのですが、その当時（一九五八年）、職域伝道論*が云々されていました。そして、労働者の組織、たとえば総評（＝日本労働組合総評議会）や全労（＝全国労働組合同盟）などとどんなふうに関わるかが真剣に模索されていました。そして、そのとき問題になったのは、具体的な「教会」に籍を置いていない牧師は教職として認められるのか、認められないのか、といったことでした。つまり、いわゆる「教会」に仕えていない牧師を牧師と認めないというのが一般的だったのです。

＊日本基督教団の組織の一つに職域伝道委員会というのがあって、主に職場での聖書研究会等が行われていた。関西労働者伝道委員会（一九五六年一月）の母体。「職域伝道論」については、関西労働者伝道委員会編『イエスが渡すあなたへのバトン　関西労伝60年の歩み』（かんよう出版）の小柳伸顕氏の文章を参照。

ぼくが福吉に来て（一九六五年）ダンプの運転手をしたり、土方をしたりしたときでも、「あんなのは牧師でない」という批判がありましたが、労伝当時よりはずいぶん違っていました。

こんなことから考えると、職域伝道だの、労働者伝道だの、あるいは都市産業伝道などといったことが一切叫ばれていなかった敗戦直後の一九四七年（昭和二十二年）、一坑夫として、坑内に下って労働しながら大之浦教会をつくられた服部団次郎先生の歩みのすごさに驚かざるをえません。

服部先生はその歩みを通して、筑豊の教会がようやく一九六〇年（昭和三十五年）以後の石炭斜陽化の中で直面させられた問題を先取りし、問題として、筑豊の教会へはもちろん教団に対してても語りかけておられたのですが、みな聞く耳をもちませんでした。

服部先生が、あえぎながら大之浦教会で歩んでおられるころ、「教会」は戦後のキリスト教ブームで、教会に出席する人も増えていました。筑豊の教会のある牧師さんは、服部先生に面と向かって、「そんなところに引っ込んでいないで、もっと明るいところへ出て、伝道しろ」と言われたと聞きます。要するに、隣の「教会」である大之浦教会で体験し、見えていたことを、服部先生が繰り返し語られたにもかかわらず、聞こうとしなかったし、見ようともしなかったのです。かえって、服部先生を「はみ出し牧師」として、憐れんでいたのではないでしょうか。

繰り返し述べましたように、戦時中のあの惨めな姿が根本的に問題になったのではありません。棚からぼた餅のように降って来たキリスト教ブームの中で「教会」は盛んになり、その盛んな中にあぐらをかいていた「教会」や牧師には、服部先生や大之浦教会が問うている問題は見えなかったのです。

一つの「教会」にとって、隣の「教会」が外でしかないことはこれで理解していただけたと思います。

恥ずかしいことですが、宮田教会（大之浦教会は、貝島炭鉱の露天掘りのために移転をやむなくされ、宮田町に移ったのをキッカケに宮田教会と改められた）と服部先生の歩んでこられた道のすごさに、ぼく自身気づかされたのは、ごく最近のことです。そういう意味では、ぼくにとっても宮田教会や服部先生は外でしかなかったことになります。

みたのです。

服部団次郎先生のこと

ところで、服部先生はなぜ戦後すぐに一坑夫としての生活を始められたのでしょうか。こんな発想がどこから生まれてきたのでしょうか。そう考えて、ここにはきっと何かがあったにちがいないと思い、ぼくなりの一つの推察をしました。そして服部先生に確かめてみたのです。

「私は戦前、沖縄の教会にいたのですが、沖縄決戦がうわさされるなかで、沖縄の子どもたちを内地へ送るという使命と、家族の事情があって、決戦前に内地に来ました。そして内地で沖縄が全滅したと知らされたのです。敗戦後、もう自分は今までのような伝道はできない。もしやるとしたら、どん底から始めなければならない。そう思って一坑夫になったのです。」

これは服部先生の戦争責任の問題であったのです。

戦前から朝日新聞の記者をしておられた〝むのたけじ〟という人が、従軍記者として働いた自分のペンは汚れたとして、朝日新聞にとどまることを放棄し、岩手の雪深い農村に住んで、『たいまつ』という新聞を出し続けておられるのを知っている人は多いと思います。（むのたけじさんはたくさんの本を書いておられますが、特に三省堂から出ている『定本 雪と足と』はぜひご一読ください。）

むのたけじさんの戦争責任の問題です。自分の再出発があるとすれば、岩手の農村に身を置くところからという発想。そして、この発想が実に日本の国のその後の歩みを先取りして見ることに繋がっていくのです。岩手の農村の問題に誠実に関わっておられるなかで、日本の国の問題が見えてきたのです。

同じように服部先生は、一坑夫として働く場に自分の身を置く以外に再出発がなかったのでしょうが、そのことが実に炭鉱の問題、ひいては日本の国のあり方そのものを見抜くことへと繋がっていったのです。

キリスト教ブームで盛んな「教会」の牧師が、自分も教会も戦争責任の問題など問うことをしなかったときに、黙々と坑内で真っ黒になりながら、服部先生はそのことを自らに問うておられました。いったいどちらが憐れまれなければならない存在なのでしょうか。

以上は、筑豊という視点から見た宮田教会、服部先生から学ぶことです。しかし沖縄という視点からするなら、ぼくのような見方はずいぶん問題を含んでいると思います。しかし、それは沖縄の側から問われることであって、ぼくのできることではないのでしょう。

「無関心」という問題

自らの本質を「教会」が考え始めたのは、筑豊の場合、外側からの強烈な問いかけに直面した時であったことを説明してきました。礼拝が守られ、聖礼典が行われ、説教が語られ、聞かれ、祈りがささげられ、讃美歌が歌われていても、「教会」は石炭斜陽化の波によって外側から崩されるまで、その本質を問題にできませんでした。この事実をよく考えてみてください。

ここで「無関心」ということについて考えておきたいと思います。なぜ、すぐ隣で起こっている出来事に、ぼくたちはこんなに無関心でいられるのかという問題です。釜ヶ崎のことでも、服部先生のことでも、現にその隣でそれらを見ている人々がまったく「無関心」でいられるというのは、どういうわけでしょうか。

実はこの「無関心」という言葉は、ぼくにとっては金槌なのです。紙野柳蔵さんが手紙を下さって、「無関心は公害殺人の加担者だ」と書いておられたのを読んで、ぼくは本当にハンマーでガツンと殴られたように感じました。紙野さんは、「無関心」な人間は、あの加害者カネミのK社長と同罪だと言われるのです。ぼくはこの言葉によってカネミ闘争に関わらせられ、公害問題に目が開かれていくことになります。

聖書の中に、直接「無関心」という問題に触れたところがあるのかどうか、ぼくは知りません。しかし、イエスさまのふるまいを見ていますと、イエスさまこそは「無関心」のまったく反対の生き方をされた方だと思わずにはいられません。なぜイエスさまはあんなにすべてに「関心」をもつことがおできになったのか。そう問うてみることは、なぜぼくたちはこんなに「無関心」でいられるのか、と問うことと同じだと思えます。

「無関心」はその意味で、罪の一つの表現だと思います。それもかなり本質的な表現だと思います。

キリスト者の福音理解の歪み

ここでも二つの面について触れなければなりません。原理的には、すべてのことに「関心」をもたれたイエスさまに連なることによって、ぼくたちも、すべてのことに「関心」をもつ者にさせられていくのだと言えます。父なる神さまのお心は、人間についての「関心」で満ちているのです。その父の心を心とされたイエスさまも、あらゆる人間に対する「関心」で満ちておられました。ぼくたちが「無関心」でなくなるためには、このお方に連なる以外にはないのです。

ところが、厄介なことに、イエスさまに連なっていると自認し、他認されている多くのキリスト者の中にこそ、「無関心」がはびこっているのです。「イエスさまに本当に連なっていたら〝無関心〟でなくなるはずだ」と、いくら原理的なことを繰り返してみても、この状態が良くなるはずはありません。

高橋三郎先生は、「王なるイエス」ということを繰り返し述べ、それが何を意味するかを展開しておられます。（その一つの成果が、教文館から出版された『王としてのイエス』にまとめられています。）

なぜ、戦時中の日本の教会は、当時朝鮮半島で行われていた教会の闘いが理解できず、連帯できなかったのか（つまり、無関心であり得たのか）と問うて、その一つの原因は、当時のキリスト者の福音理解の歪みにあるのではないかと、先生は語っておられます。「王なるイエス」という理解が欠落していたのではないか。わが罪の贖い主であるイエス・キリストは全世界の王であられ、彼のあとに従うということは、彼が支配する全世界のことに関心をもたされることである。全世界のことに関心をもつことと、キリストに従うことは同じ一つのことであるのに、それが別々のことであるような信仰が、そして神学が、何の反省もなく受け継がれていたのではないかと言われるのです。

「『キリストに従うこと』と世界で起こっていることに関心をもつことは一つのことであ

る。なぜならイエスは王だから。」この単純なことを、しっかり受けとめなければなりません。

ところで、ぼく自身の歩みから言えば、結論として同じことになるのでしょうが、ちょうど逆の歩みをしてきたように思えてなりません。つまり、キリストに従うことと、筑豊やカネミに対する「関心」は、はじめは同一のことではなかったのです。ぼくの「筑豊」や「カネミ」に対する関心は、「筑豊」を支配し、「カネミ」を支配しておられる「王（支配者）なるキリスト」に促されたものではありませんでした。

たとえば、「筑豊」との関わりは「筑豊の子どもたちがかわいそうだ」という単純な動機からですし、「カネミ」との関わりも先ほどからお話ししているように、紙野柳蔵さんから告発を受けて始まったものです。しかし、今振り返ってみると、ぼくが意識していなかっただけで、神さまがぼくを導いて「筑豊」に引き出し、「カネミ」に繋げてくださったことがよくわかります。

ともかく、ぼくは、「筑豊」や「カネミ」で苦しみ、悩み、のたうちまわっている人々と出会い、それらの人々の苦しみ、悲しみの中で、ご自身を現しておられるイエス・キリストにお会いしたのです。そういう体験を通して、イエス・キリストは、「筑豊」でも「カネミ」でも生きて働いておられる（支配しておられる）ことがわかったのです。

信仰告白とは事実告白

高橋三郎先生が「王としてのイエス」という問題を提出しておられることを先ほどご紹介したのですが、パウロやマルコが「王としてのイエス」という信仰告白をなし得たのは、彼らがそう告白せざるをえない事実に触れていたからだと、ぼくには思えるのです。たぶん、パウロもマルコも、自分の信仰で理解できる領域をはるかに超えて働いておられるイエス・キリストの御業にたびたび驚かされ、そういう事実に触れるなかで「王としてのイエス」という告白をせざるをえなかったのではないでしょうか。そのことを発掘している高橋三郎先生も、同じように「王としてのイエス」と言わざるをえない事実に触れて、このことを提出しておられると思うのです。

もしそうであるとすれば、頑なに自らの信仰的な枠組みの中に閉じこもって、生きて働くキリストが信仰的な枠組みの外で働いておられる驚くべき事実に何ら触れようとしない「信仰的な人」が、いくら「王としてのイエス」と告白しても、それは偽りだと思います。世には、この偽りの信仰告白が横行していますが、信仰告白とは、一つの教理をオウム返しに唱えることではなくて、驚きをもって確認せざるをえなかった事実を告白することです。事実に触れてもいないのに「信仰告白」を唱えることが信仰だと思い込み、唱えていればそれで良いとする人は、「信仰告白」があたかも人を信仰へと導き、「信仰告白」によって救われるとまで考えておられるようですが、ぼくにとっての「信仰告白」は、先行しているキリストの御業に対する事実告白以外のものではありません。

その意味で「王としてのイエス」という告白をオウム返しに唱えることではなく、そう告白せざるをえなかったパウロやマルコ、そして高橋三郎先生の生き様を学ばなければならないと思います。そうすれば、このお話の冒頭で申し上げた「内」と「外」の隔たりもおのずから消えていくのではないでしょうか。

「王としてのイエス」という告白の前で、ぼくたちは自分の信仰をもう一度問い直してみなければなりません。その信仰がどんなに矮小化されたものである、まさに「無関心」を助長させるものであったかに気づかされます。

イエスは世界の主

ずいぶん前に聞いた話ですが、日本のあるエバンジェリスト（大衆伝道者）が、アメリカへ伝道に出かけたそうです。伝道といえばアメリカ人は自分たちのほうが日本に宣教師を送るものだと思い込み、日本人から伝道されることなどなかった時代で、はたしてアメリカ人が伝道集会に来てくれるかどうか危ぶまれました。

そこで、このエバンジェリストは次のような案内のビラを作って貼ったというのです。

「私の父はナイアガラの滝を創った」

ポスターを見た、大きいことの大好きなアメリカ人は「ナイアガラを創った人の子の話を聞きに行こう」と誘い合って、伝道集会は大成功だったというのです。

これは一つの笑い話ですが、「私の父はナイアガラの滝を創った」というのは、もちろん「天の父なる神さまの業としてのナイアガラの滝と、その神さまを父と呼ぶものとされた伝道者」の連なりを言ったものです。

ぼくはときどき、何もかもうまくいかず、自分の中にも外にも何もないことを嫌というほど知らされて、打ちのめされることがありますが、そんなときはこの話を思い出します。そうしますと、ぼくのその行き詰まっている姿が客観的に見えてくるのです。自分で狭い狭い密室に勝手に入り込み、確かに身動きできないでいるのですが、それは追い込められたぼくの意識であって、「ナイアガラを創られた天の父なる神さま」の目から見れば、行き詰まりでも何でもありません。それはあたかも、密室の壁に囲まれて行き詰まっているときにはまったく見えなかった天上が空いていることの発見のようなものです。立ち上がってポンと乗り越えれば、壁など難なく乗り切れるのです。

「私の父はナイアガラの滝を創った」というのは、本当に素晴らしい信仰告白だと思いますが、どうでしょうか。ナイアガラを創り、歴史を支配しておられるお方を「私たちのお父さま」と呼ぶことができるのです。そうであれば、そのお父さんの支配される領域は、ぼくたちの関心事であらざるをえません。

東北の人里離れた農村に、非常にファンダメンタルなキリスト教に属する何人かのアメリカ人が家族とともにやって来て、古い校舎か何かを借り受けて礼拝を守りながら共同生活をしているそうです。そして彼らは、今子どもたちに一生懸命中国語を教えているのだそうです。「今に中国へ行く道が開ける。あの神を否定した中国に何とかして伝道しなければならない。その時が来たら、私たちは真っ先に中国へ渡ろう。もし私たちの時代にその時が来なければ、私たちの子どもを中国に送ろう。そのために、今子どもたちに中国語を教えているのだ。」

それがどんな団体か、ぼくは知りません。ただこの報告を聞いたとき、ぼくは、ぼくの生き様がなんと狭苦しいものだろうと反省させられました。また、ぼくたちは子どもの将来をこんなふうに考えているだろうか、と反省させられたのです。

自分の欲望の達成のために子どもに期待することはあっても、神さまからいただいた世界大の広がりをもつ使命に生きつつ、その使命を何とかして子どもに受け継いでほしいと願うような情熱がぼくたちの中にはあるでしょうか。

その人々は、イエスさまが世界の主であるというその鼓動に触れながら、そのイエスさまの愛の対象の一つである中国がキリストを排除し、無神論でやっていけるとしているそのことの恐ろしさを知り、それに対する責任を感じて動かされている。そういう一群の人々の存在は、「無関心」という問題の根がどこにあるかということをぼくたちに告げ知らせてくれるのではないでしょうか。

紙野柳蔵さんのこと

紙野さんご一家が三年八か月のカネミ門前での座り込みを解いて、添田の地へ帰られたことについて、ぼくもいろいろ考えさせられていますが、この「無関心」という問題との関係で一つだけお話ししておきたいと思います。

紙野さんご一家が門前に座り込みを始められたとき、どんな気持ちであったかというと、「もう私たちはここしか行く所がない」ということでした。それはどういう意味かといいますと、その背後にいろんな所へ行った、ということがあります。いろんな所へ行ったが、全部締め出され、追い出されたという長い苦しい体験があるのです。それで、どこへ行っても追い出されてきたけれども、ここだけは私たちのいられる場所、私たちのいられる場所はここしかない。そういう意味だと思うのです。

紙野さんが「どこへ行っても追い出された」と言われる場合、その筆頭に「教会」があったことを忘れないでください。キリスト者の紙野さんは油症の苦しみの中で、まず「教会」に助けを求めるのですが、「それは社会問題で、教会の問題ではありません」という形で追い出されたのです。それで紙野さんが筑豊中の教会を回られます。ぼくのところにも来られて、ぼくもお話をうかがい、共に祈りはしましたが、共に歩もうとはしませんでした。まさに「無関心」で、ぼくも同罪でした。

それから紙野さんの巡礼が始まります。九州大学病院へ、国会へ、厚生省へ、県へ、市へ、町へ、共産党へ、社会党へ、「カネミ油症被害者を守る会」*へ、弁護士へ、どこかに助けてくれる場所はないかと求め続けられました。そしてだまされ、排除されるのです。

紙野さんは、「だまされたと言うけれど、最初から助けてくれる場所があると思い込んだのが間違いであった」と語っておられます。「助け得る場所などどこにもないのだ」と。

本当に行く場所がなくなったあとに、カネミの正門前に行かれます。さらに、同じ被害者の組織からも排除されてしまいますが。「もう私たちはここしか行く所がない」と言われたのです。

*「カネミ油症被害者を守る会」は社会党系で、すぐに「住民の会」という共産党系のも

のができた。

ところが、そこで三年八か月――ぼくは言葉や活字の限界を思わずにいられないのですが、活字ではわずか五字の「三年八か月」という言葉が、どんなに重い、苦しい内容をもっているか、それはぼくのような傍観者にとうてい想像できるものではありません――座り込んで、添田に帰る紙野さんが言われたのは、「カネミの前にも何もなかった」ということでした。それは「カネミの前からも排除された」ということなのでしょうか。このことについては様々なことが言われていますが、ぼくも自分の感想を語らせていただきます。

カネミ正門前で座り込みを始められたとき、「ここしか行く所がない」と言われたわけで、その背後にある問題については言及しましたが、この言葉には、「ここは行っても良い場所」「排除される必要のない場所」「居る権利のある場所」という意味が含まれていたと思うのです。

「カネミは加害者である。私は被害者である。カネミと私の間には切っても切れないこの関係がある。今まで行った所はみな第三者の場所であった。九大にしろ、弁護士にしろ、第三者で、第三者はいつでも嫌になったら手を引くことができる。手を引いたことに対して、被害者は文句が言えない。しかし、カネミは違う。カネミは、自分を苦しめ、家族をバラバラにした当事者だ。カネミの前だけは、自分が発言していい場所だ。」そういう思いが紙野さんたちの中にあったのではないでしょうか。カネミは聞くべきだ、私には語り、そこに居続ける権利がある。なぜならカネミは加害者で、自分は被害者だから。

ところが三年八か月の長いあの苦闘を通して、そこを拠りどころにして座り込んでいた、加害者と被害者の関係そのものが「何もなかった」ということに気づかれたのです。これは大変なことです。公害闘争でこんなことを見抜いた人をぼくは知りません。一時よく「被害者原点」ということが語られました。水俣闘争の中でも語られたことです。「被害者こそが運動の原点だ」という考え方です。周囲の支援者が被害者を差し置いて云々するのはおかしい、苦しみを受けた被害者が常に原点でなければいけないというわけです。もちろんどこまでも、被害者の苦しみは周囲の者にはわからないという事実を大切にし、そこから出発しなければならないわけですが、紙野さんは早い時期からこの「被害者原点」ということを否定しておられました。「被害者と支援者との間には本質的な差はない。『被害者原点』と言うけれど、それこそ被害者と一口に言っても一人ひとり違うのだから、原点になりようがない」と言っておられたのです。

紙野さんにとって、被害者と支援者の差というのは本質的にはありませんでした。しかし、加害者と被害者の差（関係）というのは動かしがたいものとしてあったのです。そして、その関係があの座り込みで崩されたのです。いったいどんなふうにして崩れたと思われますか。

人間は結び合わされている

紙野さんが座り込みを続けておられる間（一九七二年九月二十二日から七六年五月十八日まで）に、いわゆる石油ショックが起こりました。その経験は紙野さんに加害者、被害者という関係を問い直す機会になりました。毎日、数回、カネミに対して紙野さんはマイクを通して訴え続けていましたが、そのころこんなふうに語っておられました。

「考えてもみてください。私たちがまだ行ったこともない、また会ったこともない中近東のだれかが、ちょっと儲けてやれというので石油の輸出を制限したり、その値段を上げたりすると、日本の私どもまでその影響を受けて困るわけです。たまたま石油というものを媒介として、私たちと遠い石油産出国のだれかれと結びついていたことを知らされたわけですが、石油という媒介物を通して、私たち地球上の人間はみなお互いに結び合わされていることを知らされました。石油が結びつけているというより、もともと地球上の人間はみな結び合わされていて、たまたま石油という媒介物を通して、その一部が見えたというにすぎないのです。

五島の離島で、魚の一本釣りをしていた漁師と、小倉のカネミ倉庫株式会社のK社長は、本来深い関係があるのに、おそらく両者ともそんなことを思ってもみなかったでしょう。ところが、PCB入りのカネミライスオイルという物質を通して両者は深い深い関係があることが見えてきました。K社長の儲けてやろうとする欲望が外化して、五島の漁師の肉体を侵しているのです。」

人間がお互いに網の目のように結び合わされているという認識は深いものです。「私たちはこう考えました。一人の人がすべての人のために死んだ以上、すべての人が死んだのである、と。キリストはすべての人のために死なれました。それは、生きている人々が、もはや自分のためにではなく、自分のために死んでよみがえった方のために生きるためです」（Ⅱコリント五・一四〜一五）というパウロの言葉も、人間がお互いに網の目のように結び合わされていることが前提になっているのではないでしょうか。網の目のように連なっているのですから、どこかでだれかが悪い思いをもつならば、それは必ず全体に影響を及ぼします。逆に、どこかでだれかが良き存在たれば、網の目全体も良き存在になるのです。

紙野さんはこの体験を通して、油症という出来事の中で見えてきたK社長と自分との関係、つまり加害者と被害者という関係は、決して絶対的な関係ではないことに気づかれたのではないでしょうか。確かに、油症というものによって、今までまったく関係ないと思っていたK社長の生き様と紙野さんの生き様とが深く結び合わされていることが見えてきましたが、それはたまたま見えてきただけであって、油症などというものがなかったとしても、K社長と紙野さんは本来つながっているのです。

そう知らされてみると、K社長やカネミ倉庫株式会社は加害者であって、被害者としての自分にはK社長に対して告発する権利があり、K社長はそれを受けなければならない、とする考えにとどまっていることができなくなります。被害者だから加害者にものが言える、というのであれば、いわゆる「支援者」はものが言えなくなります。いや、確かにカネミの被害者は加害者カネミに対してはものが言えますが、森永やチッソに対しては何も言えないことになってしまいます。

公害闘争の中で問題になったのはそのことです。K社長が罪を犯したら、それは、人類全体が罪を犯したことにほかなりません。そして、その罪を告発し、取り除くためには人類全体が責任を負わされているのです。決して被害者だけが負わされているのではありません。このことは逆に言えば「被害者」の問題でもあります。「被害者」は、本来、全人類的な連なりの中で「被害者」にされているのに、いつのまにか加害者あっての被害者という小さな部分に押し込まれてしまっているのです。
作家の別役実氏は、そのあたりの問題を次のように書いておられます。

「現在、原爆症の人々だけでなく、交通事故に遭ったり合理化の犠牲者であったり、公害による被害者などが続出している。彼らは差別されて物乞いになることではなく、加害者にその傷を補償させることで救われようとしている。それはそれでいいと思う。しかしここには、近代化されたわれわれ共同体の奇妙なカラクリが潜んでおり、そうすることで彼らは、知らず知らずのうちに、自らの身に受けた傷の尊厳を損なわされているのである。

かつての被害者はその傷を天から受けたのであるが、現在の被害者にはおおむね加害者がいる。したがって、かつての被害者はその傷によってもたらされる不幸を全宇宙的な問題と対応させ得たのだが、現在の被害者は、それを加害者のほんのちょっとした過失といったような、ごくつまらないものにしか対応させようがない。すべて人間の受けた傷は、全宇宙的な問題であるにもかかわらず、彼らにはその手がかりが最初から断ち切られているのである。向けどころのない忿懣《ふんまん》だからではない。その向けるべきところが、あまりにもつまらないことからくる不幸である。」

紙野さんが「加害者」「被害者」という関係を相対化されたとき、そこには以上述べたような積極的な意味があったのです。

そしてぼくも同じように考えますので、被害者でもなんでもないぼくが毎月第四土曜日にはカネミ倉庫株式会社の門前に十二時間座り込んで、K社長をはじめカネミの従業員並びに家族の方々に訴え続けています。「あなたがたは罪を犯した」と。それは、K社長とぼくは連なっていて、彼が罪を犯せば、ぼくもその罪と無関係ではあり得ないからです。「教会」もまた、この網の目のように張りめぐらされた人間と人間の絆の中に存在しています。そして「教会」はイエス・キリストによって贖われた存在です。そうであれば、教会は世界大、宇宙大に広がっていることがよくわかります。「教会」がイエス・キリストによって新しくされるならば、それはこの世界が新しくされることです。紙野さんの歩みに連ならせていただき、「教会」の広がりの大きさに気づかされました。

ラザロの記事から

最後の問題に入ります。

今回は「ラザロの会」という日本バプテスト連盟の福岡の若い方々を中心とした会からお招きを受けました。だれがつけた名前か存じませんが、良い名前ですね。お話を引き受けてから「ラザロの会」でお話しするのなら、「ラザロ」のことについて学んでおこうと思い、ヨハネの福音書一一章を繰り返し読んできました。そこから学んだことを述べます。それは、ぼくのこの「ラザロの会」に対する希望、また期待でもあります。

他者のために存在する教会

まず第一に、ラザロが復活させられたのは、ラザロのためだけではなかったということです。その証拠をあげましょう。一一章の一四～一五節に次のように書かれています。

「そこで、イエスは弟子たちに、今度ははっきりと言われた。『ラザロは死にました。あなたがたのため、あなたがたが信じるためには、わたしがその場に居合わせなかったことを喜んでいます。さあ、彼のところへ行きましょう』」（傍点筆者）。

これによりますと、イエスさまがラザロを復活させたのは、「弟子たちが信じるようになるため」だということです。もちろんこれだけが理由ではありません。三五節では、イエスさまが涙を流されたのを見てユダヤ人たちが「ご覧なさい。どんなにラザロを愛しておられたことか」と感嘆しています。イエスさまのラザロに対する愛が復活へと導いたのでしょうが、一一章の流れから言えば、「弟子たちが信じるようになるため」のほうが基調だと思います。なぜなら、その主題はもう一度繰り返されるからです。「ラザロよ、出て来なさい」と大声で叫ばれる前に、イエスさまは次のような祈りをされます。

「父よ、わたしの願いを聞いてくださったことを感謝します。あなたはいつでもわたしの願いを聞いてくださると、わたしは知っておりましたが、周りにいる人たちのために、こう申し上げました。あなたがわたしを遣わされたことを、彼らが信じるようになるために」(四一〜四二節、傍点筆者)。

ここからも、ラザロが復活させられたのはラザロのためだけではないことがわかります。むしろヨハネの福音書一一章によれば、「弟子たちが信じるようになるため」であったことがわかるのです。

「ラザロの会」は今後どんな歩みをしていけばよいのか、皆さん一人ひとりがそれぞれ考えておられることと思います。ぼくは、ヨハネの福音書一一章のラザロの復活が「周りの人々に信仰を得させるため」であったことをしっかりと心に留めておいていただきたいと願っています。「ラザロの会」は、自分たちが復活させられたことを自己目的としてはなりません。「ラザロの会」の存在、それはまさに「復活」と呼んでよい奇跡的な存在なのですが、その存在は、周りの人々が「ラザロの会」の存在を通して「信じるようになるため」であることを知っておいてください。

ボンヘッファーは、「教会は他者のために存在している」と言いましたが、それが教会、したがってラザロの会の本質です。

死と腐敗からの復活

第二のことは、ラザロは死んで腐っていたということです。三九節には次のように書かれています。

「イエスは言われた。『その石を取りのけなさい。』死んだラザロの姉妹マルタは言った。『主よ、もう臭くなっています。四日になりますから。』」

ラザロは死んで腐って、四日も経ってから復活させられています。それで「ラザロの会」に、「死んでいるのか」「腐っているか」と問いたいのです。

つまり、神さまの前では死んでいるもの、腐っているものでしかあり得ないのに、まだ私たちは私たちの力で生きているように装い、死臭を放っているのに香水か何かでそれをごまかしているのではないでしょうか。もし、まだそこに何かが残っていると考えているならば、たとえ復活させられても、それはイエスさまによって復活させられたのではなく、どこか自分の力で再生したということになり、それは真の復活ではありません。

ですから、「ラザロの会」は、徹底的に死ぬべきです。死臭を放つべきです。いや、こういう言い方はおかしいかもしれません。死んでいるもの、死臭を放っているもの以外であり得ないことを徹底的に見せられるべきです。神さまの前に四日間、死体として放置される。そのことを通して、「復活」が神さまの業として現されるのです。

イエスさまとともに死へと渡される栄光

三番目に、ラザロは自分が復活させられた後に何をしたかについて見ておきましょう。これはヨハネの福音書一二章に記されています。

「すると、大勢のユダヤ人の群衆が、そこにイエスがおられると知って、やって来た。イエスに会うためだけではなく、イエスが死人の中からよみがえらせたラザロを見るためでもあった。祭司長たちはラザロも殺そうと相談した。彼のために多くのユダヤ人が去って行き、イエスを信じるようになったからである」（九〜一一節）。

ラザロを見て信じた人がいたというのです。そして、そのことを妬んだ祭司長たちは、イエスさまだけでなくラザロも殺そうと相談しています。

「ラザロの会」が本当に神さまによって死体から復活させられて、神さまのものとなるならば、ラザロがそうであったように、殺されることになります。イエスさまとともに殺される栄光を与えられるのです。「ラザロの会」をぼくは「教会」と呼びたいのですが、「教会」はキリストのからだであって、常に死へと渡されている存在です。

まとまりのない話になりましたが、「教会」について、ぼくが考えさせられていることをお話ししました。共に考えていただければ幸いです。

教会はどこに立っているのか

［本稿は、一九八四年八月十四日から十六日まで開かれた日本バプテスト連盟第二十二回全国青年大会の開会礼拝・講演・閉会礼拝でお話ししたものがもとになっています。］

「良きサマリア人のたとえ」から

ルカの福音書の中に、有名な「良きサマリア人のたとえ」というお話があります。強盗に遭って倒れていた人のそばを、祭司やレビ人はそっと通り過ぎて行ったにもかかわらず、サマリア人がその人に駆け寄り、介抱し、宿屋に連れて行き、お金を払って、宿屋の主人に必要であれば帰りに寄るからと言ったというたとえ話です。

ぼくは筑豊という場所で小さな伝道所にいますが、そこで様々な問題にふれました。朝鮮半島から強制的に連れて来られ、大変な労働を強いられ、あるいはたくさんの人が殺されていった現実、そしてその事柄が今もなお尾を引いている、いわゆる在日朝鮮人・韓国人問題。筑豊自体、近代産業を支えた場所であるにもかかわらず、エネルギーが石炭から石油へ変わっていくなかで、そこで働いていた人たちがスクラップにされていった状況。カネミ油症といって、ＰＣＢ（ポリ塩化ビフェニル）による中毒事件が発生し、そこで発せられた被害者たちの呻き訴える声。そうしたことを通して、教会とはいったい何だろうかと考えさせられてきました。

ぼくの属している日本基督教団の中にも、「教会はそうした社会問題にふれる必要がないのだ」という考えがあります。その一方で、「様々な問題に教会は関わらなければならない」という主張があります。倒れている人たち、苦しんでいる人たち、呻き訴えている人たちとともに歩もうとしなかった教会を問題視し、レビ人や祭司ではなくて、良きサマリア人にならなければならないという主張です。

けれども、先に言ったような問題の中に足を踏み入れ、いっしょに歩んでいくなかで、「教会は良きサマリア人にならなければならない」と言えるのかという疑問を、ぼくは強くもつようになりました。「レビ人や祭司ではなくて、良きサマリア人にならなければならない」と言うときに、その倒れている人との関係は、これまではレビ人や祭司であったかもしれないが、倒れている人とそこで初めて出会った、そして、良きサマリア人になることができる、ということが前提となるわけです。けれども、本当にそうなのかということです。ぼくは、このたとえ話でいえば、教会は、レビ人や祭司ではなくて、むしろ強盗の位置にいたのではないかと思うようになりました。国家という強盗によって裸にされ、生活権を奪われた、被差別部落、在日韓国人・朝鮮人の方々と接するなかで、「教会はレビ人や祭司ではなく、良きサマリア人にならなければならない」という発想では、とてもやっていけないところに立たされたのです。教会は国家と一つになって、朝鮮人を差別し、抑圧したのではないか、教会は国家といっしょになって、被差別部落の人たちの身ぐるみを剝いできたのではないか、と考えるようになったわけです。

強盗の位置にあるような教会がいったいこれからどう歩んでいったらよいのかというのが、ぼくの課題です。皆さんに、そういう言い方が受け入れられるのかどうかわかりませんが、いわゆる福音派とか社会派とかという立場を超えて、何かもっと違うところでぼくは考えたいと思うのです。

外側からの問いかけと、教会の下部構造について

コリントの教会に見られるある階層

コリント人への手紙第一の一章を開くと、「私はパウロにつく」「私はアポロにつく」「私はケファにつく」「私はキリストにつく」という議論があったと記されています。三章でも、もう一度同じことが言われています。「あなたがたは、まだ肉の人だからです。あなたがたの間にはねたみや争いがあるのですから、あなたがたは肉の人であり、ただの人として歩んでいることにならないでしょうか。ある人は『私はパウロにつく』と言い、別の人は『私はアポロに』と言っているのであれば、あなたがたは、ただの人ではありませんか」（三～四節）と。

コリントの教会はどれくらいの規模だったのでしょうか。コリントの町の信者たちに対してパウロは、二つの手紙を書いていますが、この町は商業都市でした。そして非常に栄えていました。今日の日本のような状況を考えればよいかもしれません。けれども、パウロ流に考えますと、繁栄していること自体は問題ではありませんでした。彼がコリントをどうとらえていたかというと、そこは「繁栄の中で高ぶっている町」でした。それが神さまから離れた一つの現れであり、そのことをパウロは問題にしました。

高ぶりが具体的にどんな形をとるかというと、一つは性の乱れです。これも現代の日本の状況を表していると言えるでしょう。そして、二つめが分裂です。高ぶりの中に、性の混乱の中に、様々な党派心が生まれ、いろいろな形へと分裂していきます。けれども全体を見ると栄えているのです。そうした町の中に、どれだけの規模かははっきりわかりませんが、教会がありました。そしてその教会にも、町の高ぶりと、その具体的な形である性の乱れ、分裂がありました。

コリント人への手紙を見ると、コリントの町は乱れていても、教会だけは聖なる場所であるなどと記されていないことがわかります。ここは非常に興味深いところです。時代がどんなに汚れていても教会は汚れていないとか、どんなに危うくなっても教会は大丈夫であるなどという教会観や発想をパウロはもっていないし、教会をそのように見てもいません。コリントの町全体の問題を集約しているものが教会にある、ということです。ですから、教会の中にも性の乱れがあり、母親と息子が関係をもっていることがあり、そのことが信仰、つまり神さまの前に歩むことと矛盾していないとされていました。そんなことでよいのか、とパウロは問いかけます。性の問題です。

「私はパウロにつく」「私はアポロにつく」「私はケファにつく」「私はキリストにつく」という分裂の問題ですが、これはどういう状況を表しているのでしょうか。これはぼくの聖書の読み込みですが、こういうことを言っている人たちの背景として、ある階層があったのではないかと思うのです。

ここで「自分はケファに」「自分はパウロに」ということで良しとされていたわけです

が、ぼくは教会の問題を建前で考えたくないと思っています。信仰や信仰箇条、教理など、教会の建前ではなく、教会のもっている現実、いわば下部構造で考えていきたいと思っています。

一例をあげると、ぼくらの牧師仲間でも、よその教会へ移っていくときに、よく「神さまの御旨で」と言います。ぼくらの筑豊の教会は小さいため、謝儀が多くありません。謝儀だけでは、だいたい自分の子どもが小学生・中学生である間はやっていけても、高校・大学に入ったりすると、家族を養うことができなくなります。ですから、牧師たちは、子どもが中学生くらいまでは、そこにとどまっていますが、高校に行くようになると、ある程度の規模の教会に移っていきます。このときに「神さまの御旨」と言われることがあるのです。教会も牧師も経済的な現実を認めながら、そのことを内に秘めて、よそへ行くことに「使命を感じる」とか「恵みである」とかと言っているとするならば、ぼくはそのようなところで教会の問題を考えたくはありません。ですから、ぼくは下部構造で考えたいと思います。

つまり、建前でなく本当に何が人間を動かし、何が問題になっているかを正直に見ながら考えたいのです。そうしなければ、教会の問題は本当に私たちのことにならないのではないでしょうか。

「パウロにつく」「ケファにつく」は、パウロの信仰が自分に合う、ケファの信仰が合うということよりも、ある階層がそこにあったのではないかとぼくは思っています。この手紙を読んでいきますと、聖餐のことが出てきます。それは、私たちが今日行っているような形の聖餐式ではありません。一日の労働を終えた階層の人たちが教会に来ると、もうパンもぶどう酒もなかった。終日働かなくても遊んでいられる人は、朝から教会に来て、パンを食べ、ぶどう酒を飲んでいた。そうした階層があったのではないでしょうか。ですから、非常に栄えていたコリントの町にも、日本と同じように釜ヶ崎があり、筑豊があり、東京があり、たくさんの階層に属する人がいたのです。そして、本当はそれは素晴らしいことなのですが、そういう人たちが教会の中にいたわけです。教会の中が分裂するのはある面で当然であったのかもしれません。

「私はパウロにつく」と言っていたのがどんな階層の人たちだったのかを想像してみるだけでもおもしろいと思います。今日も、ある階層が背後にあるというような教会になっていないでしょうか。いろいろな階層の人たちが教会の中にいて、その階層の争いが信仰的な表現をとりながら起こっていることはないでしょうか。そのことをしっかりと見ていきたいと願います。

インドの教会とカースト制度

インドの教会のことを少しお話ししたいと思います。

何年か前に、ぼくはほんのわずかですが、小さな会議があって、インドのニューデリーへ行きました。ニューデリーは、インドではいわばドリームランドのようなところですから、そこを見たくらいで「インドを見た」などと言うことはできないでしょう。それでも、インドに行って大きな経験をしました。

ご存じのようにインドには、アンタッチャブル（「不可触賤民」と訳される）といわれる人々がいます。その代表の人たちも会議には来ていて、聖公会の教会堂（そこでは聖公会が大きな力をもっていました。もちろんカトリックも力がありますが）で、いっしょに講演を行いました。そのときに、その代表の一人が嚙みつくようにして言ったのは、インドには大変な差別があって、キリスト教会の中にもそれが持ち込まれていて、一つの教会で献金をいっしょにできないということでした。アンタッチャブルの人のささげたお金に触れたら、汚れるからというのです。

ぼくは講演の後でその人と話をしました。すると、こう話してくださいました。「教会の中でこういうことが起きるのはニューデリーくらいで、インドの他の所では起きません。どうして起きないかというと、カーストの違う人たちが、同じ教会に集まることがほとんどないからです」と。カーストが決まっているわけです。カーストの違う人たちそれぞれに教会があって、いっしょになるのはニューデリーくらいだというのです。このことをコリントの教会の問題とあわせて考えていただきたいと思います。

筑豊にある教会の姿

次に、筑豊にある教会の問題を考えてみたいと思います。

ぼくの属する日本基督教団では、筑豊は福岡地区でなくて、北九州地区に入っています。福岡と北九州のちょうど中間あたりに飯塚という町があり、そこに飯塚教会があります。それから、飯塚から少し南へ行ったところに田川がありますが、筑豊で非常に有名な町です。そこに田川教会があります。それから北九州に近いところに直方があり、そこに直方教会があります。直方と飯塚の先に宮田教会があります。——ぼくが小学校のころには、これらの町は石炭が出るところとして有名でしたが、今はもちろんそのひとかけらもありません。——そして、ぼくのいる福吉伝道所が、ちょうどその中間にあります。福吉は教会ではありますが、伝道所です。もう一つ筑豊上豊州伝道所があります。日本基督教団の教会は筑豊にこれだけあるわけです。

一番初めにできたのは直方教会で、一八九九年（明治三十二年）。それから田川教会で、一九〇二年（明治三十五年）。両方とも旧メソジスト教会です。メソジスト派が非常に力を入れて伝道をしたわけです。その次は飯塚教会で一九三三年（昭和八年）、そして宮田教会で一九四八年（昭和二十三年）です。それから、ぼくたちの福吉伝道所と上豊州伝道所です。わが福吉伝道所ができたのが一九六五年（昭和四十年）、上豊州伝道所が一九六六年（昭和四十一年）です。

直方教会と田川教会は、当時の市の中心街にできました。特に田川教会は炭鉱と密接な結びつきをもちながら歩みました。炭鉱といっても、田川の場合は三井です。田川の町全体が三井の中にあるような感じです。田川教会はそうした中にあって、炭鉱に頼りながら歩んできたわけです。ところが、その田川教会が関わっていたのが、どういう種類の人々であったかということが問われるような事態が、相次いで起こってきます。

一九四八年（昭和二十三年）に服部団次郎先生によって始められた宮田教会は以前、大之浦教会といいました。大之浦は炭鉱名です。福吉が炭鉱名であるのと同じです。大之浦炭鉱の真っただ中で服部先生は炭鉱伝道を開始されました。

服部団次郎先生は、戦前・戦中、沖縄で伝道しておられました。特に沖縄のハンセン病の療養所に特別な使命を感じて、そこで伝道をし、沖縄の戦前の教会史に大きな足跡を残した方です。

あの沖縄戦が始まる前に、先生は、家族を本土へ疎開させ、自分は最後まで沖縄にとどまろうと決意しておられました。ところが当時の厚生省の方針で、沖縄の子どもたちを本土に疎開させるために何隻もの船を出すことになり、その付き添いで先生も駆り出されることになりました。それで、子どもたちといっしょに船に乗られるわけです。先生はもう一度沖縄へ帰って来るおつもりでしたが、沖縄での激戦がそれを妨げてしまいました。

戦後、服部団次郎先生は、自分の伝道活動はもう終わったと思われたそうです。「自分は沖縄を見捨てた。『羊を養いなさい』と命じられて牧者になり、歩んできたのに、一番大切な時に、その沖縄を見捨ててしまった」という思いが非常に強くあったからです。牧師はもうできないというところまで追いつめられて、郷里の島根県で悶々とした日々を過ごしていた先生に、「そういう自分でももし許される場所があるならば、ゼロからやり直したい、一番底からやってみたい、償いをしたい」という思いが与えられ、そして選ばれたのが炭鉱でした。大之浦炭鉱です。当時の大之浦は中くらいの炭鉱で、そこで働く多くの人たちは貧しく、社会的にも非常に差別されていました。その炭鉱に入り、筑豊に住みつかれることによって、自分の戦後の歩みを始められたわけです。そこに教会を立てて宣教するという形ではなく、一坑夫として服部先生は新たな生活を始められるのです。

ぼくは、同志社の学生だったころに関西労働者伝道委員会にいましたが、その時分、牧師でありながら労働組合の人たちといっしょに活動したり労働したりする人たちが実際にいました。しかし日本基督教団は、「そういう者は牧師としては認めない。牧師は説教し、教会を牧会するものである」ということで、なかなか認めようとしませんでした。このことをどうするか、というのが大きな問題になっていました。けれども、それよりもさらに十数年前に服部団次郎先生は、自分の牧師としての資格がどうかということをまったく考えずに、自分の悔い改めとして、ここを出発点とし、一坑夫として働きながら戦後の歩みを開始されたのでした。このことは、あまり知られていないことですが、ぼくは特筆大書すべきことだと思っています。

ところが、そういうふうにされた服部団次郎先生を見ていた田川教会、直方教会の方々は、どんな評価をしていたかがいろいろな記録の中に出てきますが、それはたいへん低いものでした。戦後、日本の教会はすぐにキリスト教ブームを迎えます。田川教会も直方教会も大変な勢いで教勢を伸ばすわけです。直方教会の牧師も田川教会の牧師も同じように戦争を経験しましたが、服部先生のようには受けとめずに、ブームに乗って教会は大きくなっていきました。そして、坑夫たちといっしょに穴にもぐっている服部団次郎先生の声に、耳を傾けませんでした。なぜ聞く耳をもたなかったのかというと、教会に人々がたくさん来ていたからです。キリスト教ブームの中で人がいっぱい来ていたので、服部先生が訴えておられることに聴く必要を感じなかったのです。

そんなに早くから服部先生が言っておられたことが田川教会や直方教会の問題になるのは、それから二十数年してからです。昭和でいうと、五十年代ごろからぽつぽつ、筑豊の小さい炭鉱の閉山が起こり始めます。

服部先生の接しておられた炭坑夫は地元の人たちがほとんどでしたが、田川教会の場合はそうではなくて、管理職の職員が多かったのです。その人たちは、いわゆる中央から来ている人たちでした。それで、閉山となれば、その人たちがまず異動となります。そうした人たちが教会を形成していたわけですから、信徒が半分に減ってしまうのは当然のことです。教会は炭鉱に関わっていたといっても、地元の坑夫との関わりが少なかったということです。

田川教会の場合、斜陽化して町全体が成り立っていかなくなる前に、教会の人数が減りました。そして献金が集まらないところで初めて教会とはいったい何だろうかという、教会の本質を問題にし始めます。お祈りをしたり、聖書を読んだりして、神さまから知らされたのではありません。そうではなくて、外側からの問題で、教会が存立できるかできないかという、いわば下部構造でぎりぎりのところに立たされて初めて、教会とは何かと問題になったのです。

けれども、「教会は確かに筑豊に立っていたが、教会の中に筑豊はあったのだろうか」という問いかけを意識したのは、もっと後になってからです。何年も経って赴任した牧師が、田川教会の歴史を振り返って、そのように言われたのです。ぼくは名言だと思います。確かに、田川という地に教会がある。けれども、この田川にある教会の中に、筑豊が、そして田川があったのだろうかということです。実際のところ、なかったのです。

よそから来た人たち、お金を持っている人たち、会社の幹部の人々が田川教会を成り立たせていたわけで、地域が危うくなって、その人たちが異動でどこかへ行って、教会自体が厳しくなる。先ほどから申し上げているように、ぼくは教会の問題を考えるときに、こういうところから出発したいと思うのです。

まとめてみます。教会は、外側から問われるときに初めて、教会の本質を問題にできるのではないでしょうか。私たちの教会はある階層に密着して、ある階層に埋没して歩みを進めているかぎり、教会としての本質的な部分に触れないままなのではないでしょうか。この二つのことを、コリント教会、インドの教会、筑豊の教会の姿を通して考えていただきたいと願っています。そして、そこに付随して、服部団次郎先生がそうであったように、ものが見えるというのは、苦しんでいる人の側に身を置くこと、抑圧されている人の側に身を置くということではないか、ということです。

「それでいいのか」という真実の声に耳を傾ける

自分はもう今までの牧師としてはやっていけない、教会は今までのままではやっていけないという深い悔い改めの中から、服部団次郎先生はその底辺に身を置くようになりました。ここでもう一人、戦後、教会を底辺から出発させた人の話を加えたいと思います。菊池吉彌という方です。

菊池吉彌先生は、それまで戦争中、横浜で牧会をしておられましたが、戦後すぐにその教会を辞めて、青森の五所川原で、まったく無一物からの開拓伝道を始められました。服部団次郎先生と同じ認識を菊池吉彌先生ももたれるのです。先生は、このように書いておられます。

「私〔犬養注＝菊池先生〕が横浜を去って、青森県の津軽、しかも北の果ての農村地帯に伝道に行ったのは、終戦直後、昭和二十一年の早春であった。横浜は梅も咲く暖かさであったが、五所川原には家の軒端にくっつくほどの雪があった。教会は朽ちかけた会堂で戦時託児所から引き続いて保育所をしていたが、信徒は殆どいなかった。いても集らなかった。

赴任した私は元気がなかった。深い絶望と、挫折感にとらわれていた。私はここへ来る時、誰からも見送られなかった。そして誰も出迎えてくれなかった。見送りは私からことわり、意識的に避けたからであったが、ここには出迎える信徒がいなかった。赴任したのではなく、疎開して戦争中からこの教会の保育所に奉職し、戦後も引き続いて幼い子供二人を連れて保母として働いている妻のところに身を寄せた、というのが真実に近かったろう。転任するといったら、都会で私を招聘してくれる教会はなくはなかった。それをことわって何故、郷里に近い田舎に赴任して行ったのだろうか。

都会は終戦後一年、先に明るい見通しを立てて、疎開先からどんどん帰っていた。街も賑やかになって来た。押さえられていたキリスト教と、解放された共産党は、非常な勢いで動き出した。しかもキリスト教には後《うしろ》にアメリカがついていた。それにブームのきざしもあった。私には、その都会が耐えられなかった。ブームに乗るキリスト教が我慢できなかった。

私は戦災した教会を再建すると言って集った役員達に言った、

『この戦争で日本のキリスト教はテストされた。日本の教会は見る影も無くなり、私達の教会も焼き払われた。これは神様が日本の教会を滅ぼしたのです。各自自分の信仰を反省すれば、それがわかりましょう。牧師である私がその事を痛感しています。神様は信徒自身が重んじない教会は滅ぼしたまいます。私達の教会は滅ぼされたのです。私達は古い教会を復興するのではありません。新しい教会をこれから生み出すのです。その新しい教会も神様の御旨に適わないと思ったら、幾度でも私達の手でこわす決心をしてこの仕事を始めましょう。神様は、今までのような教会は必らず滅ぼしたまいます。』

しかし、役員達は私が言った言葉の意味を理解してくれなかった。理解できそうな人はすでに死んでいた。教会は新生ではなくて、ブームに乗って復興の方向に進んで行った。戦前と形はかわっても、内容的にはかわらない教会にかえってゆく。

それは、私の教会ばかりでない。キリスト教界全体がそうであった。私は、それに我慢ができなかった。人には言えぬ悶々の気持ちを持って、教会を辞した私は、人のいない地の果てに行って伝道したい気持ちであった。

挫折しても、絶望しても、神に滅ぼされたと思っても、私は死にもせず戦後に生きのびた。親しい友は多く戦地や空襲で死んだ。神学校出たばかりの彼らは伝道したかった、それができずに死んで行った。そして私が残された。滅ぼされた教会と審かれた伝道者と、滅んだ日本がどうすれば、生きかえるか、いやどうして生きてゆくか、これが私に

残された問題である。私の耳には、

『私はお前の国と、お前の教会とお前をさばいた、虚偽の日本よ、不信の教会よ、いつわりの伝道者よ』

と言われる戦火のさなかできいた神の言がついて離れない。私はその声に追い立てられて、五所川原へ行ったのである。」（『教会と伝道圏』〔日本基督教団中央農村教化研究所〕、「とりなしの教会」より）

これが菊池吉彌先生の戦争責任告白です。以後、五所川原で先生は農村社会をご覧になります。服部団次郎先生が炭鉱を歩むなかで、当時繁栄を誇っていた教会に対して警告を発しておられたように、菊池先生は、農村社会が日本の社会の中でもっている意味を早くから見抜き、五所川原、つまり東北の一農村から痛烈な教会批判、また教会問題に対する警告をしておられました。けれども私たちは、その声に聞く耳をもちませんでした。

新しいことを知るとは、そのことを知らなかった古い自分が死ぬことだと、ぼくは宮城教育大学の元学長で教育学者の林竹二先生に教えられましたが、それはまさに悔い改めということです。教会は常に、悔い改めの上に再建されていく場所だとぼくは考えています。もし教会が悔い改めを忘れて、神さまのお名前を使いながら自分たちの蓄積、財産を管理し守り、あるいはそれを増やしていくために一生懸命になるとき、大きな偽りを犯すのではないでしょうか。そして、そういう偽りの教会に対して「それでいいのか」と真実の声が、今もいろいろな所から投げかけられているのではないでしょうか。そして残念ながら、田川教会がそうであったように、私たちもその投げかけられている言葉を聞けないのではないでしょうか。

視点の変革

それでは、どうしたら真実の言葉を聞くことができるようになるのでしょうか。そうした問いを掲げながら、筑豊で伝道を始めた自分自身の福吉伝道所の問題をお話ししたいと思います。

大之浦教会、後の宮田教会の服部団次郎先生は、炭坑夫といっしょに労働しながら歩むという形で筑豊に接しておられた、と先ほど申し上げました。それでは田川教会などは炭鉱にまったく触れていなかったのかというと、決してそうではありませんでした。

「筑豊の子どもを守る会」が結成されて、ぼくたちが筑豊の炭鉱へ行ったときに、受け入れてくれた教会の一つが田川教会でした。筑豊のＮＣＣ（日本キリスト教協議会）など、いろいろな教会が私たちを受け入れてくれました。問題の場所は、小さい炭鉱がたくさんあるところで、その一つが福吉、それから上豊州です。零細炭鉱、小炭鉱でも閉山し、あるいは閉山直前で大変な問題があるところを教会が調査して、東京や大阪から来た学生たちをそこへ送りました。

それで忘れもしません。ぼくらがある教会をお借りして、開会礼拝をもったときのことです。当時のそこの教会の牧師が私たちを集めて、こういうお話をされました。「皆さん、よく来てくださいました。ありがとうございます」という言葉の後です。「これから皆さんが行くのは大変な場所です。どうか女の人はスカートでなく、スラックスで行ってください。何が起こるかわかりませんから、気をつけて行ってください」というメッセージでした。

話によれば、教会をはじめとして、筑豊のNCCはこうしたところと関わりをもっていました。どういう関わりかというと、「奉仕」という形でした。食べる物がない、住む所がない、着る物がないわけですから、いろいろなところから送られてくるいろいろな物資、学用品や服などを、教会の人たちが自動車をチャーターして、配ることをしていました。奉仕の対象としての関わり方、スカートでは行くなという関わり方（若い女性などがおそわれることがあるという偏見）です。

それに倣ってぼくらも、「奉仕」をする者としてここに来て、歩み始めました。そしてすぐに、教会のそうした体質がおかしい、奉仕の対象にするのはおかしい、と気づきます。そして活動を進めるなかで、筑豊にある教会に対して、おかしいのではないかと言うのです。そして三年目ぐらいから、それらの教会との関係が切れてしまいます。ぼくたちの「筑豊の子どもを守る会」の活動と現地の教会とは関係が切れてしまって、現地の教会の関与しないところで活動を進めることになります。このこと自体は不幸なことでしたが、ぼくらは「奉仕」の対象ではないと早い時期に考えるようになったわけです。

ぼくが一年間、大学を休学して福吉に住んだのも、そこで「奉仕」をするためではありませんでした。一九六四年に一度大学へ帰って、それからもう一度、今度は結婚をして福吉伝道所を始めたときも、そこを「奉仕」の対象の地とは考えませんでした。田川教会をはじめ多くのところが、貧しいから、大変だからという形で「奉仕」の対象にしていた真っただ中で福吉伝道所はできました。

ところが、「奉仕」の対象にはしていなかったぼくの考えが、それから五年くらいの歩みの中で変わっていきます。

福吉伝道所の開所が一九六五年（昭和四十年）ですが、「福吉は暗い谷間だ。この暗い谷間に光を与えなければならない。福吉伝道所にはキリストがおられる。キリストがおられないこの福吉に、筑豊に伝道しなければならない。宣教しなければならない」と当初考えていました。「奉仕」の対象ではなく、福吉の人たちを「宣教」の対象としていたのです。教会にはキリストがおられる。教会には光がある。暗い谷間である福吉に、筑豊に、教会にある光を、教会におられるキリストを伝えなければならない。そのように考えていたのです。ぼくは今でも、エホバの証人の方などが来て、一生懸命に伝道する姿を見て、五年間福吉で歩んだ自分の姿を見せつけられる思いがします。

五年のあいだに、ぼくは福吉伝道所でいろいろな経験をしました。そして、教会の中におられるキリスト、教会の側にある光、教会の外の筑豊には光がなく、キリストはおられないという考えを根底からつぶされました。そのために、ぼくは伝道ができなくなりました。教会におられるキリストを伝えるという意欲がなくなってしまいました。教会にある光を、この暗い谷間に投げかけるという意欲も、まったくなくなりました。そしてぼくは気づきます。伝道している、宣教していると言うけれども、ぼくが筑豊に行くよりもずっと前からキリストはおられ、働いておられるということを。それで、そのキリストの業に筑豊の人たちといっしょに参与して驚きたいと思うようになったのです。

力を込めてキリストを伝えなければならないとか、教会を建てなければならないとか、教会がなければそこにキリストはおられないとか、そうしたことを言えるのか。ぼくなどが行くずっと前から、筑豊の人が認めようが認めまいが、そんなことに関わりなくキリストはここで働いておられた。そういう経験を何度かしたのです。（後ほど、いくつかのことをお話しします。）

ですから、先に述べたように、教会で社会問題だ、社会問題だと言っているかぎり、それは「奉仕」の対象としてそれを見ているのでしょう。あそこへ伝道しなければならないと言っているかぎり、「宣教」の対象と考えているのでしょう。本当にそうなのでしょうか。事は逆ではないでしょうか。そのことを、ぼくたちに説得力をもって語ってくださった方がいます。それが岩村昇先生です。

共に生きるために

岩村昇先生の著書に『共に生きるために――アジアの医療と平和』（新教出版社）がありますが、ぼくはこの本から、自分が福吉で苦慮し、また福吉の人に叩かれ、その優しさに包まれて考えてきた教会について、宣教について、ある意味での肉づけを与えられたように思っています。

岩村先生は、日本からネパールへ医療宣教師として派遣されましたが、ヒマラヤを中心とする大パノラマのもとで、その姿勢がどんどん変わっていかれました。この本を読むと、そのことがよくわかります。ぼくも筑豊で、小さくはありますが、同様の経験を一つ一つさせられてきたように思います。

『共に生きるために』では、非常に象徴的なお話がいくつも語られています。先生が最初に行ったのは、タンセンという山の上にある病院でした。ここはネパールの合同ミッションが建てた病院で、イギリスやカナダなど、いろいろな国から医師が派遣されていました。ドクター岩村もここで仕事をするようにと遣わされたわけです。けれども岩村先生はすぐに、病院の中で待っていてはだめだということに気づかれます。——ぼくは五年かかりましたが。

ある一人の母親が赤ちゃんを抱えて、山を越えてやって来ましたが、途中、大喀血して倒れてしまいました。彼女は結核でした。そして岩村先生に診てもらいましたが、もう完全に手遅れの状況で、治療のかいもなく、三か月目に亡くなります。この衝撃的な出来事に遭って、先生はふと考えられるのです。タンセンの病院は合同ミッションのものなので、非常に安い診療費ですむ。それでも、病院に来るためには二日、三日と仕事を休んで来なければならないわけで、やはり経済的に大変なのだ、と。結局のところ、ネパールの社会ではお金を持っている人しか病院に来られなくなってしまっていることに、岩村先生は気づかれるわけです。

二番目に気づかれたことは、このことと関係しています。この病院に来れば、医師も医療器具も揃っているから、どんなに良いかと思いますが、実際に来られる人は非常に少ないのです。そして、先の女性のように、せっかく来たとしても手遅れの場合も多いのです。こういう病院の解決できない問題に直面し、岩村先生は何人かの助手を連れて、重いレントゲン機を提げて、タンセンの病院を出られるのです。そのことを、先生は「ヘルス・トリップ（検診の旅）」と呼んでおられます。そして、村々、町々を訪ねて行かれるのです。二日、三日とレントゲン機を担ぎながら歩いて行かれます。

三日間歩いて、ようやく山を越えたところで一つの集落に着きます。機材を降ろして、検診をしたり健康相談を受けたりしますが、ふとこう思われるのです。「ここからはタンセンの病院が見えなかった」と。見えなかったというのは、山が高く、陰になって見えなかったというのではなくて、ここの人たちには病気のときにタンセンの病院へ行かなければならないという発想が、まったくないということです。これが見えないということです。

岩村先生がタンセンの病院にいる間は、地域にはたくさんの病気の人がいて、結核患者もいるのだから、医療機材が揃い、医者がいて、薬もある病院へ来ればよいのに、と思っていました。ところが、自分がその地域の中に入ってみて、その生活を見てみると、住民たちにタンセンの病院は見えないのです。自分の発想の中にまったくないのです。それでは、ここの人たちは病気になったらどこへ行くのかというと、「占い師」のところです。「占い師」など、タンセンの病院からすれば敵のような存在です。ああいう者がいるから、変なことをされて、さらに病院へ来るのが遅くなる、と。占いなどというものは撲滅しなければいけない、と考えているわけです。

これは教会にも通じる話です。教会に来れば救われるのに、教会に来れば楽になるのに、とぼくたちは思います。けれども教会を出て、地域の社会に一歩入ったときに、教会に行くという発想がないことに気づくのです。地域の人々にまったく発想がないにもかかわらず、ぼくたちは、教会に来れば救われるのに、教会に来ればどうにかなるのに、と考えています。これはタンセンの病院とまったく同じパターンではないでしょうか。

岩村先生に決定的なことが起こりました。タンセンの病院を出て、二、三日経ち、薬も何もかも地域の住民のために使ってしまったところで、自分が下痢の止まらない症状を示すようになるのです。そして、明らかに赤痢であると判断しますが、薬もないし、自分でもどうしようもなくなります。すると、ふらふらになってしまった先生の周りに地域の人たちが集まって来て、そこの族長みたいな人が手を取り、こう言うのです。「おまえはわしのアプノ・マンチェだ」と。「アプノ・マンチェ」とは「身内」いう意味で、「おまえは私の身内だから、助けてやる」と言うわけです。岩村先生は悪い予感がするのですが、担架に乗せられて、「占い師」のところへ連れて行かれます。そして「占い師」に祈ってもらって治るのです。ところが岩村先生はそこで大きな発見をなさいます。下痢が祈りだけで治ったわけでなくて、その「占い師」が、ネパールにたくさんある薬草を上手に使っていたのです。「占い師」は実際に医師でもあったわけです。薬草で病を治し、祈って治してくれたのです。

お腹の具合が悪くなって、「おまえはわしのアプノ・マンチェ（身内）だ。おまえを助けてあげる」と言われたときに、自分は医師だとか、日本人だとか、あなたがたのために働いてあげるとか、という立場はまったく意味がありませんでした。連れて行かれた「占い師」に祈ってもらい、薬草を飲ませてもらって治ったときに、タンセンの病院で先生が考えていたことはガタガタと崩れてしまいました。「占い師」はもはや敵ではなく、同労者でした。これ以後、岩村先生は「占い師」たちと組んで、薬草のことを学び、「占い師」たちには近代的な医学を知ってもらうようにし、まさに「共に生きること」がどういうことかを知っていくことになります。

教会やキリスト者も外に出るならば、もっと豊かになり、教会の外でなされるわざがどんなに福音的なものになることでしょうか。ぼくたちは狭い視野の中で物事を理解しようとしているのではないでしょうか。
ぼくは、岩村先生がネパールの山々で行われたことを、小さい形ですが、福吉で知らされたように思っています。

そこかしこで働いておられるイエス・キリスト

一九七九年八月にアメリカのプリンストン大学で開かれた第三回世界宗教者平和会議で、カナダとインドの宗教者が日本の部落差別問題に取り組むことを提案した際に、日本の代表の曹洞宗宗務総長が「日本には部落差別は今は存在しない。あったとしても、それは一部の者が騒いでいるだけだ」と発言し、日本からの他の参加者がそれに拍手を送ったという事件がありました。このことについて、作家の水上勉さんは次のようなことを語られました。

「ギラギラした衣をきて、座敷にすわっている、そんなもの、法施《ほうせ》ということではないですよ。過去の財産の上に胡坐《あぐら》をかいて食っとるだけです。衣を脱がなければ、衣を脱いで慈悲の行に手をよごせと言いたいですね。そして、たとえて言うなら水俣《みなまた》の運動に参加しなさいと。水俣問題で、曹洞宗が托鉢《たくはつ》なさったでしょうか。差別問題だって、障害者問題だって、伽藍の中にとじこもっていちゃ見えやしない。」（『世界宗教者平和会議における差別発言についての見解』部落解放同盟中央本部、解放出版社、一九七九年）

この水上さんの言葉と、ぼくが言っていることは同じだと思います。

ある階層の中に教会が埋没し、しかもそこにこそキリストがおられると思い込み、ここへ来れば幸せになる、救われるという発想から脱して、全世界にわたってキリストの支配が及び、そこかしこで行われているキリストの豊かなみわざにぼくたちの目が開かれることが必要ではないでしょうか。ぼくは、筑豊の人たちが、ぼくのようなわからず屋で、心の閉ざされた者を抱きかかえて、あるときは厳しく、あるときはさりげなく教育してくださるために、ここへと導かれたと思っています。

岩村先生が「アプノ・マンチェ」と言われたように、ぼくも筑豊の人たちに「仲間だから」ということで担われ、その中で関わらせていただいたと思えてなりません。

こんなことがありました。酔っぱらったおじさんがフラフラとやって来て、くだを巻き始めました。書かなければならない原稿もあるし、説教の準備もあるし、返事を書かないといけない手紙もあるし、読みたい本もあるし、その酔っぱらいのおじさんが来ると、なんとか早く帰っていただきたいと、いろいろ考えるのですが、なかなかうまくいきません。

その日おじさんは、一大決心をして来たようで、ぐでんぐでんに酔っぱらっていました。「犬養さん、きょうはキリスト教の真髄をおまえに教えてやる」と言うのです。繰り返し繰り返しぐだぐだ話をされ、こちらも閉口して、他のことを考えながら相づちだけ打っていると、「貴様、俺の話をちゃんと聞いているのか」と言われます。ですから、またそっちを向いて話を聞き、本当にくたくたになってしまいました。

そのとき不思議な経験をしました。おじさんとぼくのほかにもう一人だれかがいて、おじさんの話を聞いて、ぼくの体を耳にして聞いている感じがしたのです。スーッと体が軽くなって、ゆっくり聞こうという気持ちになりました。

おじさんは『ベン・ハー』の映画をテレビで観たらしく、それについてのキリスト観を話そうとして来たようなのです。その話のところどころにおじさんの告白が出てきます。おじさんはかつておばさんといっしょに暮らしていましたが、おばさんが足腰が立たなくなって入院してしまいました。最初は、毎日お見舞いに行っていましたが、だんだんと足が遠のいてしまい、おばさんが亡くなる時も、間に合わなかったそうです。それ以来、アルコールに溺れるようになったようです。

おじさんは言います。「キリスト教の真髄は愛だ！　自分は妻を愛し通すことができなかった。けれども、キリストの愛は、それを可能にしてくれる愛だ。そうでなかったら、キリスト教の愛は何の足しにもならない」と。『ベン・ハー』を観たので、それといっしょになって、一生懸命話してくださいました。

三時間ほど話を聞きましたが、ぼくはまったく疲れませんでした。というのは、あるお方がおじさんの話をじっと聞いておられることがわかったからです。おじさんは言いたいことだけ言って帰りましたが、ぼくはその後ろ姿を見て、涙が出て仕方がありませんでした。

光がない、キリストはいない、暗い谷間といわれている福吉に、イエス・キリストがおられて、おじさんの話をじっと聞こうとしている。「酒に酔っていてもいい。アルコールに溺れていていてもいい。また来なさい」と、その手を広げて待っている方がおられるという経験をぼくはしたのです。そのような経験を通して、ぼく自身、福吉の人々といっしょに歩むことができたのです。

被差別部落問題からの問いかけ

次に、被差別部落問題からの問いかけについて、お話ししたいと思います。

ぼくは、教会の問題を戦後きちんととらえて歩みだされた人として、菊池吉彌先生を尊敬していますが、その菊池先生もかつて差別発言をされたことがあります。その発言があったときに、ぼくは深い経験をしたように思います。つまり、戦争責任という形では深い対処ができたとしても、そのことが被差別部落の問題にきちんと対処できるわけではないことに気づかされたのです。

そのことを知っていただきたいので、その菊池発言をぜひ聞いてください。

『キリスト新聞』の小さな欄に、「十字架の祈り」という文章をお書きになりました。それは、主イエスが十字架にかけられたときに、そこにいた兵卒、強盗たちのことを描いたものですが、こんな一節がありました。

「イエスをゴルゴタの丘の上に引いていった人々は、うむを云わせず二人の強盗と一緒に十字架に釘づけして、その真中に立てた。イエスをここまでひきたてて来、十字架にかけたのは、日本で云えば非人と云われるいやしい人々で、不浄を不浄とも感じなくなった階層の者たちであろう。十字架にかけ終ると彼らは急いで囚人のきものの分配にかかった。」

これを聞いて、どう思われますか。私は大きな怒りを覚えました。これは猛烈な差別発言です。差別事件です。あの深い戦争体験、自分が今まで属していた横浜の教会を離れて、青森の五所川原から神さまに対する告白として、あれはさばきであったとして受けとめて、新しく出発された菊池吉彌先生が、それから何十年か経って、こうしたことを言えてしまったのです。

一九八三年の九月三日号にこの文章が出ました。そして翌週の同じ『キリスト新聞』九月十日号に、お詫びの文章が出ます。

「私は、『キリスト新聞』の『橄欖』の文章中、不用意に差別用語を用い、差別表現をしてしまいました。自らの無知を恥じると共に、ただ無知だけでは許されない私の内なる差別体質に恐れおののいております。このことは部落差別問題についての基本的な認識にかけ、具体的な自覚の欠如であると思い、深く反省しております。また部落差別と闘っている方々やキリスト新聞社はじめ、多くの方々にご迷惑をおかけ致しましたことを深くおわび申し上げます。

私はただちにこの欄の執筆を中止し、今後は、これを機会に不当な差別問題を、私自身の問題として捉え直し、認識を深める努力を続けていきたいと決心しております。」

これよりも少し前に、聖公会の中川先生が差別発言をします。それは、日本聖公会の総会で語られた発言で、自分の子どもたちが被差別部落の者と結婚するのを躊躇するというものです。これも大きな問題となり、『キリスト新聞』にその中川先生のお詫びの手紙が掲載されます（一九八三年九月十日号）。

「去る五月東京で開催された日本聖公会第三十八（定期）総会の席上において、部落差別発言を行ったことは、まことに遺憾であり、直接関係のある方々、日本聖公会、及び一般の方々に対し深くおわびする。

もとより、おわびをしたからとて、それでこの問題が解決したとはつゆ思わない。また、総会後聖公会のあらゆる役職を辞して責任を明らかにしたが、それでことがすむものではない。

なぜなら、この問題の根源は私自身の罪深い存在の根底にあるからである。私自身の内面を見つめるとき、意識の光のとどかない深淵のあることを知っておそれおののく。それは底知れぬほど深く、暗黒である。

私は明治四二年（一九〇九）、一二歳の時に洗礼を受けて以来今日まで、聖公会の信徒として教会生活をつづけ、哲学・神学を専門として大学に職を奉じて四十五年になる。その間、教会のいくつかの役職も永年にわたって勤めさせていただいた。平素はそれでキリスト教徒として一応通ってきたが、この度の発言を機として内省し、己れの存在の根底に口を開く暗黒の深淵を見つめ、いまだに真に福音に徹して生きていないことを覚《さと》って、神と人との前にひれ伏して罪をざんげする。

すべての人は生まれながらにして平等であり、いかなる差別もないということを自ら実践し、それを生きて行くのは、私が神のかぎりない恩寵でゆるされ、神の霊に満たされるときにはじめて可能であると信ずる。

今後、私はより一層キリスト教徒としての修練に励むべく期している。同時に、差別の由って生ずる私の内なる深淵に福音の光がさしこみ、差別の出てくる源が転じて、積極的な平等感、一体感の生ずる源となるように、たえず祈り求めつつ、各位の教示を仰いで努力すべく決意している。

ここに重ねておわびする共に、今後の私の生き方についての所信を表明する。」

これをどう思われるでしょうか。私にとってはまったく納得のいかない文章です。

これによれば、差別問題について、「平素はそれでキリスト教徒として一応通ってきたが、この度の発言を機として内省し、己れの存在の根底に口を開く暗黒の深淵を見つめ、いまだに真に福音に徹して生きていないことを覚って、神と人との前にひれ伏して罪をざんげする」ということです。そして、「今後、私はより一層キリスト教徒としての修練に励むべく期している。同時に、差別の由って生ずる私の内なる深淵に福音の光がさしこみ、差別の出てくる源が転じて、積極的な平等感、一体感の生ずる源となるように、たえず祈り求めつつ、各位の教示を仰いで努力すべく決意している」とのことです。

ぼくからすれば、社会の上部でいくら修練したところで、差別問題はなくなるはずがないのです。かえって、修練を積めば積むほど、祈れば祈るほど、差別意識が強くなり、溝が広がっていくのです。それほど差別が理解されていないのだと思っています。

これは教会の問題でもあります。教会の外に出て、そこに身を置くときに、差別を受けている人たちがどれほど豊かな生き方をし、どんなに豊かな人間性と素晴らしいものを備えて歩んでいるかがわかります。自分のこれまでの場にとどまって修練し、祈ることよりも、外へ出ることが大切なのです。そこに身を置くときに、「不浄を不浄とも感じない」とか「いやしい人々」とかいう言葉は決して出てきません。「使え」と言われても使えないのです。そんな言葉が説教の中や小欄に出てくることはないのです。

戦争責任に誠実に向き合った人であっても、自らをごまかすことのない人であっても、部落差別の問題に関してはまったく理解が及んでいないということがありました。一つの問題に関わっていれば、他の問題もわかるというわけではないのです。もちろん、教会が、あるいは一人の人間がいろいろな問題を抱えることは困難です。ですから、それぞれの教会が、個人が分担をして関わっていくことが求められると思います。

一つの問題に出合って変わったから、それで大丈夫というわけではないのです。

教会はどこに立っているのか

「客間に彼らの入る余地がなかった」と「周辺に追いやられる」

あるときぼくは、インドで開かれた「アジアにおける人種および少数者の問題に対するキリスト教の責任」という主題の会議に出席しました。アジアの人種および少数者という問題に、キリスト者、教会がどういう行動をとるかという会議でした。

日本からは、アイヌの代表、被差別部落の代表、在日韓国人・朝鮮人の代表、そしてNCC（日本キリスト教協議会）に属する教会のスタッフの何人かが出席しました。そこで一冊のテキストが前もって配られました。それは、アジアにおける人種差別あるいは少数者であるがゆえに差別を受けているという現状についての細かい報告でした。そのテキストのタイトルは"No place in the inn"（客間に彼らの入る余地がなかった、の意）。これは非常に象徴的な言葉で、アジアにおいてある人種あるいは少数者であるがゆえに差別を受けている人が、自分たちの最初にいた客間から、よそ者に追われているということです。オーストラリアのアボリジニの人たちの報告がそれを鮮明に表していました。彼らは、あとから来た白人によって追い出されて、居場所がなくなったのです。

もう一つ、このテキストの中で非常に印象的だった言葉があります。「マージナリゼーション」で、「周辺に追いやられる」という意味です。在日韓国人・朝鮮人の代表として参加された、在日大韓基督教会川崎教会の李仁夏《イインハ》牧師の話はとても印象深いもので、こういう内容でした。

周辺に追いやられた多くの人たちがアクションを起こし、また自分たちが差別され抑圧されているからという大きな論理の流れを、あれは自分たちの土地であり、自分たちの住んでいた土地なのだから、もう一度あそこに帰ろう。そして、そこへ帰るために教会は力を貸すべきだ。そこへ帰ることがわれわれの運動なのだ、という基調がずっと流れていた。ところが、李仁夏牧師はそのことを十分に認めながら、客間にいた自分たちを周辺に追いやってそこに居座った人たちは、そのことを通して非常に非人間的なことをしたのである。つまり、客間を支配している論理は非人間的な論理であり、自分たちがそこへ帰ろうとすることは、その非人間的な論理にもう一度バックすることなのか、という問題提起をされた。「客間が非人間的な論理で占められたからこそ我々は追い出されたのである、よく考えると追い出された我々は、その排除された場所で非常に人間的な主張、発言をしているのではないか。この人間的な主張・発言を大切にしないで、ただ元の場所に帰ればいいというのは私の運動ではない」と言われたのです。

この主張は会場で主流にはなりませんでしたが、いろいろな運動をしている人たちに深い感銘を与え、一つの示唆を提供してくれました。誤解しないでいただきたいのですが、マージナライズされ、周辺に追いやられたことは良いことだ、我慢しろと言っているのではありません。

このお話を聞いたとき、ぼくは、一九五二年四月二十八日に沖縄が本土から切り離されたことを思い浮かべていました。ぼくはいろいろな会合で、一九五二年四月二十八日がどんな日であったかとお聞きするようにしています。

沖縄への差別に向き合う

一九五二年四月二十八日、サンフランシスコ条約が実効をもって、日本がもはや被占領国ではなく独立し、平和が来たと、ぼくたちは教えられてきました。ところが、本土においては独立・平和の時ですが、沖縄は本土から切り離されたのです。

よく言われることですが、ぼくたちの戦後は沖縄を切り捨てて、沖縄に平和でない一切のものを背負わせる形で、独立と平和を享受してきました。沖縄はそれから本土に復帰するまで、どれほどたくさんの問題があったことか。けれども、ぼくたちは沖縄のことなどまったく頭に入っていませんでした。学校でももちろん教えられませんでした。独立や平和の正反対のことを沖縄に押しつけておきながら、そのことにまったく気づかずに生きてきたのです。まさに「欠落態」です。

ぼくはずいぶん後に、この日に沖縄が本土から切り捨てられたことを教わり、愕然としました。沖縄にどんなことが起こっていたのかを知らされれば知らされるほど、そのことをまったく知らないで成り立っていたこれまでの自分の生活が何であったかということを問われました。

沖縄が本土に復帰するとき、沖縄の人たちの間でいろいろな議論(本土に復帰するとはどういうことかという議論)がありました。その中で、ある牧師さんがこんなことを言われました。「日本は一九五二年四月二十八日に、日本の小指である沖縄を切り捨てたのである。小指を切り捨てても痛みを感じなかった本土は、そのときすでに死んでいたのだ。生きていたら、その痛み、うずきを感じていたはずだ。たとえ小指でも、その痛みを感じなかった本土は、沖縄を切り捨てた時点ですでに死体であったのだ」と。「本土死体論」です。

そんな死体に幻想を抱いて、復帰したら本当に平和になるのか、平和憲法のもとに復帰することになるのか、といった議論が、沖縄の一部の人たちにあったことを知らされて、ぼくはあらためて愕然としました。沖縄を切り捨てた本土は、その痛みを感じない非人間的なものというよりも、むしろ死体になったのです。沖縄は一九五二年以降、島全体を基地とされ、そこから悲惨な事件や問題が生まれてきますが、私たち本土の人間はそんなことをまったく知らないで、平和や独立を享受し、まあまあの生活をしてきた、そういう構造が見えてくるのです。

「自分の立場をわきまえているならば」という差別と向き合う

李仁夏牧師の著書に、在日韓国人・朝鮮人の日本における生活を書いた『寄留の民の叫び』（新教出版社）があります。この本の中で、李仁夏牧師がアメリカの教会に寄ったときの報告を書いておられます。そこは人口五千人ほどの町でしたが、不思議なことに黒人が一人もいませんでした。数年前までは一人いましたが、その人は町の人たちから好かれていたということでした。ところが、そのように教えてくれた人たちがこう言ったのです。

"We liked him very much because he knew his place."「彼が自分の立場をわきまえている限り、私たちは彼が大好きだった」「彼が自分の場所をわきまえている限り、私たちは彼を愛した」と。

李仁夏牧師は、これがアメリカの差別の本質だと書いておられるわけですが、"No place in the inn"の"No place"と、場所を奪うことが具体的な差別の現れ方です。けれども、在日朝鮮人・韓国人がいま受けている差別は、日本の国にいるなら日本の国の法律が定めた朝鮮人・韓国人らしくおれ、朝鮮人・韓国人らしい立場におれ、ということです。教会の中にもその声は大きく響いてきます。朝鮮人・韓国人が人間としての叫びをあげるときに、"We don't like him"と言われます。「彼が自分の立場をわきまえている限りは、私たちは彼が好きだが」という論理が成り立っているわけです。

教会はどうでしょうか。一つの枠組みの中に当てはめて、人間らしい叫びや人間らしいアクションがその枠組みを越えたとき、猛烈な反発をするのではないでしょうか。

自分の悲しい告白でもありますが、あるとき、指紋押捺や在日朝鮮人の住居のこと、あるいは名前のことで市役所へ抗議に行きました。北九州市役所では「人権を守ろう」というのが大きなスローガンになっていて、あちこちにそうしたポスターが貼ってありました。四階の会議室で、「あなたがたは、在日朝鮮人の人たちの人権を認めようとしているのか」と三時間余り訴えました。けれども話はまったくの平行線。向こうはただ黙っているだけでした。

話を終えて帰るときに、崔昌華《チォエチャンホア》さんがダーッと走って行き、貼ってあった「人権を守る顔に笑顔」のポスターをはがし、グチャグチャに丸めて守衛室へ投げ込んで出て行かれたのです。ぼくらは唖然として、それを見ていました。ところが、あとで市役所のほうからクレームが来て、始末書を書けということでした。「ポスターを貼るのに許可がいるけれども、剥がすのにも許可が必要であって、勝手にあんなことをしてもらっては困る」とのことでした。そして、人権を訴えている人が、非人権的な行動をするのはけしからん、ということにもなりました。指紋押捺や在日朝鮮人の人権が蹂躙されていることについて、教会の人たちもたくさん携わっていますが、崔さんのあの行動にはついていけないというのが大方の意見でした。もっと紳士らしくやってほしい、もっとクリスチャンらしくやってほしいという声が起きたわけです。けれども、そのような行動をとった崔さんの心の怒りや訴えを受けとめることが、はたしてできたのでしょうか。隣にいたぼく自身も唖然としていたわけですから、受けとめることができなかったわけです。

こういうことを考えると、“We liked him very much because he knew his place”という言葉が、もうきわめて一般的になりつつあるのではないでしょうか。先の李仁夏牧師の言葉に、ぼくたちはどう対応できるのでしょうか。

「マージナイズされた」弱い者に祝福がある

林竹二先生が神戸の湊川高校で、「人間」について創世記から一時間の授業をされましたが、それが本に残されているのを思い出しました。その授業の最初に、林先生は次のようなことを言っておられます。

「生命というものは、水の中でしか、維持できなかった。だが水がどのようにして、地上に存在するようになったか。生命《いのち》あるものは水の中にしか生きていけなかった。はじめはね。水の中に植物ができた。それからだんだん水の中の動物があらわれた。動物も、はじめは水の中でしか生きていけなかった。ところが、水の中でしか生きていけない動物がだんだん増えて、つよいものが好みのふかさのところを占領してくると、よわいものは、水ぎわの浅いところにおいやられた〔犬養注＝マージナライズされた〕。ところがそのよわいものの中から陸でも水でも生きられる両棲類がうまれる。その中のよわいものは、時には水のまったくなくなるようなところにすむほかない。そこから陸上の動物が生れてくる。水が引いても、そういうところに生きられるような生き物が、だんだん出来てくる。こうして弱者の間から、次の時代の花形が出現する……。」（『教育の再生をもとめて——湊川でおこったこと』筑摩書房、一五〇頁）

ぼくはこれを読むと、マタイの福音書五章の山上の説教を思い浮かべます。


「心の貧しい者は幸いです。

天の御国はその人たちのものだからです。

悲しむ者は幸いです。

その人たちは慰められるからです。

柔和な者は幸いです。

（この「柔和な者」というのは、ある翻訳では、「踏みつけられてじっと我慢している人」とあります。）

その人たちは地を受け継ぐからです。」（三〜五節）

聖書の語る歴史観、私たちに与えられている信仰は、林竹二先生が高校生に語られたこの非常に短い文章の中に表現されているのではないでしょうか。

強い者にとって条件の良い教会に人々が集まり、弱い者をマージナライズして周辺へ追いやっていく。条件の良いところで生きることが教会の発展であり、教会の歩みだと信じて歩み、知ってか知らずか、様々な弱い人たちをマージナライズしていく。そのようになっていないでしょうか。けれども聖書の語っている歴史観・世界観は、マージナライズされた弱い者が競争に敗れて、周辺に追いやられたところから新しいものが生まれ、そこに命が存在し、祝福があるというものではないでしょうか。これが、創世記からヨハネの黙示録に至るまで一貫して語られている、聖書の一つのメッセージではないでしょうか。

重い生命を担う

福井達雨先生は、止揚学園で知能に重い障がいをもつ人たちと歩みながら、私たちに鋭い警告や生命を指し示してくださいましたが、小倉での講演のときに、こんなことをおっしゃいました。「コンクリートは軽い。鉄は軽い。そんな軽いものを担っているから、人間はスピードを出して歩むことができる。生命は重たい。生命を担ぐ人間は、コンクリートを担ぎ、鉄を担いで猛スピードで走る人間について行けない。ついて行けないどころか、生命を担ぎ始めるときに、自分が歩けなくなってズブズブと地にめり込んでいく。それが自分の実感だ」と。

教会は軽いものを担って、この時代とともに歩もうとするのでしょうか。それとも重い生命を担い、キリストがそうであったように、走ることなく、十字架に釘づけされた歩みをするのでしょうか。「教会はどこに立っているのか」という問いかけを、そのところから考えたいのです。

ぼくの教会のイメージ

証言者——慶尚院という朝鮮寺

最後に、ぼく自身の教会のイメージを一つ申し上げて終わりたいと思います。

筑豊に一つの朝鮮寺があります。ひとりで寺のほとんどを建て、自身その坊さんとなり、信者はだれもいませんが、ある目的をもって存在している朝鮮寺です。その寺がどのようにできたのか、林えいだいさんの書いた短い文章を皆さんに紹介したいと思います。

「飯塚市の郊外、嘉穂郡穂波町椿にある朝鮮寺〝慶尚院〟の朝は早い。寺の敷地二千五百平方メートルの境内には、閉山炭鉱からもらいうけた電柱や坑木がところせましと積まれている。住職の崔竜男さん（四十八歳）は、毎朝七時には自宅から家族五人でやってきて、電柱や坑木を使って柱や板をつくり、セメントをねっては共同で寺を建てている。寺を外面から見ると、まだできあがってないようだが、内部に入るともう立派な寺である。この未完成の慶尚院は、彼の出身地朝鮮慶尚南道からその名をとっている。

私が、はじめて慶尚院を訪ねたのは、九州朝鮮人強制連行真相調査団が筑豊を調査にきた時にはじまる。

強制連行されてきて筑豊の炭鉱で死んでいった同胞の遺骨が安置されている場所を彼が知っていると聞いたからだが、言葉をにごしてあまり多くを語りたがらなかった。

『日本人は、いままでこれらの犠牲者に何をしてきたのか』と静かにいった時、私は何を答えたらよいか言葉につまった。そして彼は、電柱に黙々とナタとノミをとって、朝鮮人無縁仏の菩薩像を彫り続けた。私は、『何をしてきたか』といわれたことが心の上に重くのしかかって、いずれゆっくり訪ねようと思っていた。

八月のはじめ、それが実現して、十数日を彼と行動をともにした。焼けつくような夏の太陽の下で、私は彼といっしょに真裸に近い姿で草刈りをしながら語り合った。

現在、崔一家は、飯塚市の中心街で民芸風の喫茶店〝山小屋〟を営んでいる。もともと彼は、店の収入のうち、生活費を残して後全部を慶尚院の建設につぎこんでいる。最初から慶尚院を建てる気はなく、僧侶になる気もなかった。喫茶店をはじめる前は、小さなホルモン焼店をしていたが、その頃から陶器に興味を持ち、筑豊にある上野焼、高取焼、朝倉郡の小石原焼の窯元へと足を運んだ。そこで数々の陶器づくりの現場を見ながら陶器の話を聞くうちに、それらの陶器が朝鮮の高麗焼にはじまったことを知って驚いた。自分たち朝鮮人の先祖が、立派な遺産を残してくれたことを誇りに思い、高麗焼の復元はできないだろうかと思うようになった。

それから彼は、陶器に関する文献を研究しながら、再び窯元めぐりをはじめた。陶芸ブームといわれ、県内には窯元が乱立している。どの陶器も高麗焼の伝統は生かされても、本来の素朴な美しさが失われていた。彼は、本ものの高麗焼をつくって一儲けしようと考えた。

もともと九州にある、高麗焼の流れをくむ各窯元のはじまりは、豊臣秀吉の朝鮮出兵の際、捕虜として強制連行してきた朝鮮人陶工たちの手によるものであった。九州の各藩が中心となって数十万の兵士と物資を朝鮮に送りこみ、帰りの空船に四万とも五万ともいわれる捕虜を日本へと積み帰った。その中には、陶工、石工、鍛冶工、染物工、農夫などがおり、奴隷として各藩に分配され、陶工たちは高麗焼を焼いて藩の財政をまかなった。

彼は、四百年前の窯跡を探ることによって、一つの手がかりがつかめると思った。飯塚市に近いところに高取焼の窯跡がいくつもあったので好つごうだった。高取八山が日本にきて、直方市の宏間に窯を開いたのが慶長のはじめといわれ、次に内ヶ磯、山田、白旗と転々として、最後の窯があった白旗で没したことがわかった。高取家の子孫は、(十二代高取八蔵)いまにいたっており、当時すでに名字帯刀を許され、藩主の黒田長政から優遇された記録が残っている。

彼は、宏間から内ヶ磯、それから山田窯跡をたどるうちに考えこんでしまったという。それは、どの窯跡も人里離れた人間も住めないような山深い場所にあったからだ。険しい山を登り、深い藪をかき分けてそこに窯跡を発見して、足もとに積み上げられた陶器の破片を手にした時、思わず胸に抱きしめた。親や妻子を祖国に残したまゝ、望郷のせつない思いの中で働かされ死んでいった無名の陶工たちのことを考えると、もう高麗焼をつくって儲けることを諦めてしまったという。

小さな陶器の破片をかき集め、それをリュックにつめて持ち帰った。その時のことを思い出して彼は『破片はとても固くてね、いろいろ調べるうちに土を叩いてのばしているんですよ。今のように水でのばしてロクロをかけるとは違うんですよ。破片の一つ一つが陶工たちの遺骨に見えてきましてね』という。

それから彼は、陶工たちの記録が残っていないか筑豊の寺を回って過去帳を調べた。しかし、そんな記録はあるはずがなかった。そこには大正から昭和にかけて、無数の朝鮮人同胞の名前と、石炭箱やセメント袋につめられた遺骨が、引き取り手もなく眠っていた。彼自身も、筑豊の炭鉱を三十六ヵ所も替って働いた経験を持ち、炭鉱犠牲者の遺骨は人ごとではないと思った。そして、筑豊に残った朝鮮人同胞から、炭鉱のボタ山の側に強制連行の朝鮮人労働者が石ころのように埋められていることを知った。

朝鮮人陶工も、強制連行の朝鮮人労働者も、同じように望郷の思いにかられながら異国で死んでいった。

時代は異るが、どちらも日本の朝鮮侵略の犠牲者であり、その霊をとむらうことが彼の一生の悲願と変った。慶尚院には『物故朝鮮人無縁仏』の霊をまつっている。彼は二年前、真言宗の仏門に入り本格的な修行をはじめた。すでに彫った菩薩像は五百体、死ぬまで彫り続けるというが、念願の寺の完成は後二年になった。」

(「わが心の中の朝鮮人——自力で寺を建てる朝鮮人僧——」、林えいだい『筑豊文庫通信』第二号、筑豊文庫通信の会、一九七四年八月二十五日)

この慶尚院には、普通の寺のような檀家が一軒もありません。物故朝鮮人無縁仏の霊を祀るためにだけ、そこに存在し、崔さんはその寺を維持するために、自分のあらゆる財産を使い果たし、また自分自身をささげて、仏門に入って歩んでいこうとします。今もその寺は筑豊にあります。

福吉伝道所は礼拝出席十四、五人。いつまで経っても伝道所です。けれども、筑豊における在日朝鮮人・韓国人の問題、被差別部落の問題、そして多くの人たちが殺されていった問題、それらが問うていることはいったい何なのか、つまり、そこで神さまは何を語っておられるのかを見極め、証言する、そのことのために伝道所がポツンとある。そこに意味があることを、ぼくはこの慶尚院の記事を読んで、思わざるをえなかったのです。

教会は四方八方から苦しめられているか

「教会はどこに立っているのか」、私たちはいったいどこに立っているのでしょうか。イエス・キリストは、「心の貧しい人たちは幸いです。悲しむ人たちは幸いです。踏みつけられてじっと我慢している人たちは幸いです」と語っておられます。教会がキリストのからだであるならば、まさにそのところに立って、キリストのわざをなしていかなければならないのではないでしょうか。

コリント人への手紙第二の一一章二四〜二七節を開いてください。

「ユダヤ人から四十に一つ足りないむちを受けたことが五度、ローマ人にむちで打たれたことが三度、石で打たれたことが一度、難船したことが三度、一昼夜、海上を漂ったこともあります。何度も旅をし、川の難、盗賊の難、同胞から受ける難、異邦人から受ける難、町での難、荒野での難、海上の難、偽兄弟による難にあい、労し苦しみ、たびたび眠らずに過ごし、飢え渇き、しばしば食べ物もなく、寒さの中に裸でいたこともありました。」

ここには、パウロが伝道途上で出遭った苦難が記されています。「私たちは四方八方から苦しめられますが、窮することはありません」（同四・八）とパウロは言っていますが、「労し苦しみ、たびたび眠らずに過ごし、飢え渇き、しばしば食べ物もなく、寒さの中に裸でいたこともありました」。パウロはときに行き詰まり、しばしば途方に暮れ、窮することもありました。それが現実です。そのパウロを神さまは憐れみ、パウロにはない力を与えてくださいました。だからこそ、彼は四方八方から苦しめられても、窮することがなかったのです。

私たちの教会はそこに立っているでしょうか。私たちは四方八方から苦しめられているでしょうか。労し苦しみ、たびたび眠らずに過ごし、飢え渇き、しばしば食べ物もなく、寒さの中に裸でいたことがあったでしょうか。

ある日本人の牧師が韓国に行ったときに、何回も監獄に繋がれたことのある韓国の牧師に、「どうしてあなたがたは希望をもち、活き活きとしていられるのですか」という質問をされたそうです。そして、こんな答えをもらったということです。

「私たちは、苦しみという酸素を吸って生きているからでしょう。苦しみの中で聖書を読んでいるからでしょう。」

「苦しみという炭酸ガスを吸って生きている」ではなく、「苦しみという酸素を吸って生きているから、こうして希望をもち、活き活きとしていられるのでしょう」と言われたのです。私たちも、これからの歩みをそのようにしていただきたいと思います。

「クリスマスは俺の誕生日や」
――強制連行被害者の人生と出会う

ぼくは、筑豊との出合いが自分のあり方を決定した、と思っている。

それまで、一九六〇年の安保闘争で頻繁に使っていた「安保が通れば日本の国が大変なことになる」という認識の中の「日本」には、筑豊の現実が含まれていなかった。ぼくの「日本」は、大阪や京都でぼく自身が体験したことと、それを基盤にして想像できる範囲のことに限られていた。問題だったのは、それが限られた範囲だということを認識しないで、「日本」とはそういうところだと思い込んでいたことだ。

食べるものがなく、住む家がなく、着る衣服のない当時の筑豊に触れて、ぼくは、「日本」という言葉を使うとき、この筑豊の現実をふまえて語らなければ「日本」を語ったことにならないと示された。それがぼくの原体験だった。

そんなぼくだから、「アジア」という言葉を使うとき、いつも「何もわかっていないのだ」「おまえの触れたのはほんの一部なんだ」と自分に言い聞かせている。

今回のテーマの「アジア的」という言葉も、ぼくは本当をいうと、怖くて素直に使えないのだ。

ぼくがアジアと関わりをもつようになって、まだ三十数年なのに、アジアがどんどん変わりつつあることに驚く。韓国では七〇年代の厳しい闘いの中で生み出された「民衆神学」とそれの担い手たちが、それこそ周辺に押しやられるなかで、新しい展開が模索されていると聞く。フィリピンでも、毎年夫婦のどちらかが訪ねることにしているのだが、たとえばネグロスではあの七〇年代の「ネグロスキャンペーン」が世界的に行われた時と比べて、状況は大きく変わっている。貧しさで言えば、あの時よりもっと深刻な問題が温存されているのだが、それは一部になっている。島全体は経済的に少しずつ良くなっていることが、たとえば最初訪ねたころにはまったくなかったスーパーマーケットがいくつかでき、かなり混み合っていることからも伺われる。日本の中間層と比べれば、とても貧しいのだが、それでも極貧層とは違う。そしてこの層の増加により、極貧層はやはり周辺に追いやられて見えなくさせられていくのだ。

台湾でも国民党独裁の下で命がけの闘いをしてきた台湾基督長老教会が、今回の総統選挙で民主進歩党の陳水扁氏が当選したことで、新しい事態に入ったことを感じる。

ぼくは、日本全体が高度経済成長の波にのって、どんどん「豊か」になっていく六〇年代の最初のころ、筑豊と出合った。筑豊は経済成長から取り残された場所の一つだった。そこでの人々との出会いが、イエス・キリストとの新しい出会いでもあった。そんなぼくには韓国の「民衆神学」はとても新鮮で、筑豊でのぼく自身の歩みの検証でもあった。

フィリピンで行われていたカトリックの基礎共同体から生み出されてきた「解放の神学」も、人々の熱気とともに聖書の出来事が活き活きとよみがえってくる感動を覚えた。

台湾基督長老教会の苦難に満ちた歩みは、なにもドイツの教会闘争を引き合いに出さなくても、それこそアジアの文脈で同じ教会闘争がなされていることに目を見張っていたのだ。

最初のころ、それらの国々の闘っている人々と出会ったとき、一つの共通した思いをもった。それは出会っているのだが、方向がまったく逆だ、という思いだった。日本はすでに経済成長を遂げて、競泳で言えば目標をターンして泳いでいる。水俣も筑豊も公害も、いわば経済成長の中で生み出されたもので、それを問題にしようとするとき、アジアの人々からは、たとえどんなマイナスがあるとしても、とにかく日本が到達した経済成長というゴールにたどりつくことが、われわれの目標だ、という答えが返ってきたのだ。

そして韓国も台湾も、日本と同じように目標を達成したのではないか。変な言い方だが、ぼくはやっと同じ方向で出会えるようになったのではないかと思える。

七〇年代の「民衆神学」を高く評価し、その真理の展開を願っておられる朴聖焌《パクソンジュン》さんが、筑豊に来られて「民衆神学」の一つの展開をここに見てくださったのは、そういう経緯だったのではないかと考えている。

「豊かさ」に逆行して、見えなくなっている人々とともに歩み続けることこそが、アジアと真に連帯する道だと思うのだが。

以下に掲げる文章は、ぼくのアジアとの出合いの原点とも言うべき金鐘甲《キムチョンカプ》さんのことを記したものである。

「クリスマスは俺の誕生日や」

金鐘甲さんの告別式式辞より

金鐘甲さんが亡くなられて、今日、皆さんといっしょにこういう形で告別式をもたせていただけることを感謝したいと思います。

金鐘甲さんの略歴をこの席で皆さんに紹介しようと考えまして、昨日資料を調べました。

しかし、うまくまとまりませんでした。そして思いついたのが崔昌華《チォエチャンホァ》先生が書かれた『かちとる人権とは――人間の尊厳を問う』（新幹社）という書物の中に収録されていた一文でした。「国籍と人権問題」という論考で崔先生は金鐘甲さんの「日本国籍確認訴訟」を取り上げておられ、その冒頭で金さんの生涯を紹介しておられるのです。法律の専門家の雑誌に載せられたものなので、ちょっと硬い文章ですが、よくまとまった金鐘甲さんの略歴ですので、ここに引用いたします。それを今からお読みいたしますが、金鐘甲さんの生涯は本当に苦難に満ちた一生だったと思います。

「金さんは、一九一九年十二月二十五日、慶尚北道金泉で生まれ、一九四一年六月頃、強制連行され、六人ずつ手をくくられ、釜山から下関、そして、貨物列車で千島に連れて行かれ、そこで飛行場の建設のために強制労働させられた。その後、宮城県多賀城でも強制労働させられた。」

一九一九年十二月二十五日が金さんの誕生日です。金さんは十二月のクリスマスが近づくと、いつも「クリスマスは俺の誕生日や」と言っていました。強制連行されたのは一九四一年ですから、金さんが二十二歳のときになります。

金さんの強制連行、強制労働の実態については兼崎先生たちが中心になって作られた裁判記録、特に「入管と縁を切りたい！　日本国籍確認の闘い」七号に原告証人として詳しく述べられています。

「六人ずつ手をくくられて」とありますが、トイレに行くにも六人いっしょに行かなければならなかったという証言が載せられています。崔昌華先生は二行か三行でまとめておられますが、金さんの青春のすべてがこうして奪われていったのです。

「日本敗戦後、故郷に帰ることが出来ず、日々の生活は貧しかった。日本人友人の古鉄運搬にかかわって、日本人は逃亡、金さんだけが贓物罪に問われ、懲役一年二ヵ月となり服役した。」

この「一年二ヵ月」というのが曲者なのです。在日韓国人・朝鮮人が一年を超える懲役を受けたら、強制退去されるという規定があるのです。もちろん、金さんはこんなことは全然知らないのです。

「出所後、家に帰れると思っていたら、出入国管理令二四条（一年以上の懲役で服務した後、強制退去出来る）により、強制退去処分を受け、一九五三年大村収容所に強制収容された。一九五七年十二月三十一日『韓・日抑留者相互釈放に関する覚え声』が調印された。これによって、金さんも特別在留の許可を受け、居住地は門司市と制限され、一年毎に期間更新許可の手続きをしなければならなかった。即ち、毎年法務大臣に特別在留許可申請をしなければならない法的身分となった。」

今日、何人かおいでになっていますが、このころから北九州大学の数名の学生さんをはじめ、兼崎先生などが金さんと関わり始められたのだと思います。

「一九七〇年ごろから、体の具合が悪くなり、特別在留許可の申請が出来なくなった。そのため、一九七一年八月六日『強制退去処分』となり、強制収容しようとしたので保証人を立てて、やっと仮放免となった。」

この「保証人を立て」というのが実はぼくなのです。このとき、ぼくは初めて金さんと出会いました。

「これらのことが原因となり、一九七一年十一月、脳卒中で倒れ、左半身がマヒ、入院生活を続けている。

一九七四年十一月、特別在留許可となり、再び金さんは毎年一回ずつ入管へ行き、法務大臣に特別在留許可申請をしなければならなかった。

『手を縛られ、強制連行され、強制労働に従事してきた私が、どうして、この地に住むのに、法務大臣から恩恵として特別在留許可をもらうために、わずらわしい手続きをせねばならないのか。強制連行、強制労働、強制退去、強制収容という〈強制〉という字を背負わねばならないのか。』『入管と縁を切りたい』という思いと、居住権剝奪に対する怒りが、この訴訟を提起した動機である。」

「クリスマスは俺の誕生日や」

ここには崔昌華先生ご自身の怒りが込められていると思うのですが、崔先生ご自身も「特別在留」という非常に不安定な在留資格で闘われました。

「領土変更による国籍選択の自由、国籍保持の権利、更に国籍という概念を民族主体性のシンボルとした抽象的な概念でなく、居住権、参政権の総称としてとらえ、領土国籍として理解する。一九八四年九月、福岡地裁判決、一九八九年一月三十日、福岡高裁判決、一九八九年二月九日、最高裁に上告、上告理由書の解釈をあやまり『却下』となった。結局、最高裁の判決を得ることが出来なかった。この訴訟は本人訴訟で闘い、金さんは車椅子で法廷に行った。補佐人として、筆者〔犬養注＝崔昌華先生〕と担当医師、兼崎暉（ひかる）氏が担当した。」

金鐘甲さんの苦難に満ちた生涯を紹介するには、あまりに短い文章ですが、ぼくはこれを読みながら涙を止めることができませんでした。金さんの生涯は、先ほど読んでいただいたルカの福音書一〇章三〇節以下の「サマリア人のたとえ話」でいうならば、「強盗に襲われた生涯」だったのではないでしょうか。

こう書かれていました。「強盗たちはその人の着ている服をはぎ取り、殴りつけ、半殺しにしたまま立ち去った。」

ぼくはこのたとえ話の中では、日本人は「強盗」だと思います。昨日も、もし強制連行がなく、もし植民地支配がなく、金さんが韓国で生きていたら、今ごろは孫たちに囲まれて、どんないいおじいちゃんだったろうか、そんな話が出ていました。

彼は、強盗たちに襲われ、着ている服をはぎ取られ、殴りつけられ、半殺しにされたのです。それが金鐘甲さんの生涯でした。

イエス様はこのたとえ話の一番最後で、「あなたも行って、同じようにしなさい」と語っておられますが、ぼくは先ほど語ったように、「保証人」という、とんでもないことを引き受けて金さんと出会いました。そこには兼崎暉先生がおられ、北九州大学の学生さんがおられたのです。

みんな金鐘甲さんという「強盗に遭った人」がそこにいたので、その傍らを素通りすることができなくて、自分で「サマリア人」などになろうとは決して思わなかったのですが、また「サマリア人」になる力などまったくなかったのですが、金さんがそこにいてくれたから、「強盗」でしかない者が「サマリア人」の真似事をさせられたのだと思います。

「強盗」が、金さんが「強盗に遭った者」として、あの門司労災病院のベッドに横たわって、そこにいてくれたから、人間にしてもらえたのだと思います。

「クリスマスは俺の誕生日や」、金さんが小さいキリストとして、傷ついて、服を奪い取られて、そこにいてくれたから、ぼくら、ここまで、やっと歩むことができたと思います。

そして、気づいてみたら、金さんといっしょに歩んだ者たちは、大きな喜びや感動を与えられていました。とともに、いつのまにか、やっぱりぼくたちも金鐘甲さんと同じように、金さんから服を奪い、金さんを半殺しにした者と闘わなければならない者にさせられていたと思います。

金さんといっしょに歩んだために、この世的な意味でいろんな損をこうむった人があったと思います。いつのまにか日本国を敵にして闘わなければならない場所に引きずり込まれていたと思います。

キリストとともに歩むということは、金さんとともに歩むということだったと、ぼくは今本当に思います。「クリスマスは俺の誕生日や」

どうして、祭司やレビ人は傍らを通って、サマリア人だけが近寄って行けたのか、不思議です。ひょっとしたら、サマリア人は当時差別されていたからかもしれません。ぼくたちが傍らを通り過ぎないで、金さんの近くに行けたのは、ぼくたちが愛の人だったからではありません。金さんが引き寄せてくれたのです。

もし、ぼくたちに何か近寄って行く要素があったとしたら、やっぱりぼくたちも差別されたり、抑圧されたり、小さくはあってもサマリア人と同じような痛みをもっていたからかもしれません。そんな痛みが金さんにぼくたちを引きつけたのかもしれません。

「クリスマスは俺の誕生日や」

しかし、愛は金さんにあったのです。愛はキリストのほうにあるのです。「サマリア人になりなさい。行って、あなたも同じようにしなさい。」 イエスさまはそう言われましたが、それは「あなたにも、そういうことができるのだ。強盗であるあなたにも、サマリア人になることができるのだ。なぜなら、金さんと同じようにわたしも服を奪われ、わたしも人々から踏みつけられて、そこに横たわっているのだから。キリストであるわたしがそこに横たわっているのだから。あなたがたもサマリア人になれるのだ。」 そんな呼びかけを、このたとえ話はぼくたちにしているのではないかと思います。

少なくともぼくは、金鐘甲さんという人がそういうふうに語りかけてくれたことを心から感謝したいと思います。そして皆さんといっしょに、傍らを通り過ぎないで、近寄って来た人々、正確には引き寄せられた人々と、この会をもてたことを感謝します。いま教会はクリスマスを迎える準備をしています。アドベント、今は待降節の時です。「クリスマスは俺の誕生日や」と言った金鐘甲さんに心から感謝したいと思います。

カンサムニダ。お祈りします。

神様、心から感謝します。小さなキリストとして、粗野なキリストとして、無茶苦茶なキリストとして、金さんをぼくたちに送ってくださって感謝します。

呼び集められた者で、こうして告別式をもちました。

どうか金さんの霊をあなたが祝福してくださるように。

小さな祈り、感謝、イエス・キリストの御名によって御前におささげいたします。

その年の福吉伝道所クリスマス週報より

クリスマスおめでとうございます。

一九九六年度のクリスマスをどんなふうに迎えられたでしょうか。

ぼくは、今年のクリスマスは金鐘甲さんに思いを馳せることで祝いたいと決意させられました。教会学校と合同の礼拝で、子どもたちにわかってもらえる話をする自信はまったくないのですが、一生懸命話しますので、後で子どもたちに折りにふれ説明してください。

金鐘甲さんは十二月九日午後八時に、二十四年間過ごされた門司労災病院で亡くなりました。七十六歳でした。

在日大韓小倉教会の全面的なご協力で、十日に前夜式、十一日に告別式をもつことができましたが、ぼくには（ぼくだけではなかったと思うのですが）深い感動がありました。

まるで最初のクリスマスの日がそうであったように、ぼくたちは、羊飼いのように集められて、金鐘甲さんの棺の前にいました。在日三世の若者たちが話してくれました。

「韓国語をまったく知らずに育ったので、韓国に留学して韓国語を学びました。韓国では、苦しいめや悲しいめにたびたび遭いました。韓国人は在日韓国人のことをほとんど知らないのです。それで韓国の学生や若者たちに強制連行や強制労働のことを知ってもらおうと、『強制連行を考える巡礼の旅』を計画して、もう五年になります。毎回、金鐘甲さんを訪ねて話を聞きました。金鐘甲さんも楽しみにしてくださっていたようです。一番強い印象を受けたのは、確か二回目の時だったと思いますが、韓国の一人の学生が、金さんの話を聞き終わった後、金さんの前で土下座して韓国式の礼をしたのです。涙が出てきました。」

そして、この三人は、みんなでアリランを歌っているときに、並んで土下座して金鐘甲さんの棺に向かって三度韓国式の礼をしたのです。狭い会場のあちこちから大きな泣き声があがりました。

ぼくは、博士たちが御子イエス・キリストの前で拝んだ光景を思い浮かべていました。

福吉伝道所の皆さんにも、このクリスマスに参加してほしいのです。


（『福音と世界』〔新教出版社〕二〇〇〇年六月号より）

「クリスマスは俺の誕生日や」

継続は力か?
——福吉伝道所四十周年を迎えて

[本稿は、二〇〇六年五月二十九日に、福吉伝道所創立四十周年の記念礼拝でお話ししたものをもとにしています。]

四十周年の記念の礼拝を、こんなにたくさんの方々とともにもてることを心から感謝します。ぼく自身は、一九六一年に筑豊と出合い、一九六三年に福吉と出合いましたから、もう四十二年になるわけです。結婚して福吉に来たのが一九六五年の三月の末、そして初めて礼拝をしたのが四月四日で、そのとき、ぼくは二十五歳、素子さんは二十二歳でした。それから四十年経って、きょうの日を迎えました。

この中には当初から共に歩んできた方もおられますが、ほとんどは、後に出会い、歩みをいっしょにしてきた方々です。

きょうは四十年の長い歴史のことを思いつつ、礼拝をもちますが、題を「継続は力か？」としました。この題はかなり前から決めていたものです。きっかけになったのは、いま釜ヶ崎で働いておられる本田哲郎神父が「外国人住民基本法の制定を求める全国キリスト教連絡協議会（外キ協）」の報告書に載せられた一文でした。本田神父はいつも鋭い発言をされますが、釜ヶ崎の報告の最後のほうで次のように書いておられます。

「それから、継続は力なり、という言葉はさんざん言い古されてきましたが、現場の闘いの中で同じことを何十年も繰り返していることに、はたして本当に意味があるのか、という疑問をもちました。というのも、炊き出しを何十年もやっている運動を、釜ヶ崎で日々見ているわけですが、それは力にはなっていない。むしろ人間の中の依存したがる傾向を温存したり、引き出したりしてしまうことがあるからです。本当は当事者である人たちから絶えず新鮮なサインを運動体として受けとめていき、ぱっと切り替えていく転換も必要だと思うのです。」

「継続は力ではない」と本田神父はハッキリと釜ヶ崎の現場でおっしゃっているわけです。

四十周年などと言いますと、「四十年にもわたる長い間……」という形で始まって、継続があたかも力であるかのようにぼくも思っていましたが、本田神父のこの言葉によってさばかれて、いくつかのことを考えたのです。そのことをきょうは皆さんにお話ししたいと思います。ですが、その前に、継続してきたことの例をちょっと聞いてください。

継続してこられたいくつかのこと

福吉伝道所を四十年間続けたということを筆頭にして、いくつかのことがあります。

昨日はカネミ門前座り込みの日で、四百十八回目でした。毎月第土曜日の朝七時から夜七時まで十二時間の座り込みを四百十八回続けてきました。考えてみれば、すごいことだと思います。

それからハンセン病療養所の菊池恵楓園（熊本県）で詩篇の学びを始めて、あと八篇学べば詩篇百五十篇をすべて学ぶことになります。二か月に一度の集会ですから、これも本当によく続いたものであると感謝しています。

また、きょうここにはT子さんやM男さんがおられますが、松崎一先生と二人で学校を一年休学して、ここに住み込んでいたころ、ぼくたちの大切な仕事の一つは子どもを学校へ送ることでした。当時の福吉の子どもたちはなかなか学校へ行ってくれませんでした。今のように素晴らしい団地ではなく、当時はボロボロの炭住（炭鉱住宅）に住んでいて、長靴など持っている人はいませんでした。まともな傘もありませんでした。道も今のように鋪装されておらず、雨が降れば川のようになりました。雨が降れば学校を休むのは当然、雨が降らなくても、山へ行ったり仕事をしたりで、なかなか学校へ行ってくれないのです。その子どもたちを追い回して学校へ連れて行くのがぼくたちの役割でした。

子どもたちを何かうまく学校へ連れて行く方法はないかと考えました。この福吉伝道所は当時、福吉の公民館で、子どもたちが学校へ集団登校する集合場所になっていました。五十人くらいの子どもたちがいました。集まった子どもたちに朝、登校する前の十分間、英語を教えようと思い、「英語を教えるから集まれ」といって、公民館の前で始めました。小さなカードに絵を書いて、その絵を一つずつ英語の単語で教えたのです。そういうことをやりながら、子どもたちを学校へ送って行ったのです。

その英語の学びは好評で、子どもたちは目を輝かせて学んでくれました。そして、得意になって家に帰り、お父さんやお母さんに習ってきた単語を聞かせるのです。「お父さん、カラスって英語で何と言うか知ってるか」と聞いたそうです。お父さんが「知らん」と答えると、子どもは得意になって、「クロや」と言ったそうです。「おまえ、人をばかにするな」とお父さんに怒られて、お父さんがぼくのところに来て、「カラスをクロなどと嘘を教えたらいかん」と言われるのです。「お父さん、本当にカラスのこと、英語でクローと言いますねん」と説明しました。そんなことを思い出します。

今も毎朝子どもたちを送っています。四十年以上、もちろん外泊したときは抜けますが、福吉にいる限り毎朝七時二十分に集まって、あの池の端まで子どもたちと歩いて行き、「行ってらっしゃい」と声をかけて送り出しています。かつて自分たちも送ってもらった青年や大人も、車で通り過ぎるときには、「先生、おはよう」と声をかけてくださいます。現在の小学生を送りながら、本当に時代が変わったなとも実感しています。

このほかにもラジオ体操を毎朝続けているとか、まあ数えれば継続していることがいくつかあります。そしてある意味では自分にとっての誇りでもありますし、これからも続けたいと思っていることです。でも、続けてこられなかったこともたくさんあります。

引きずっていることを引きずりながら

そんなことを考えていると、続けてこられたことに何か意味があるのではなくて、続けてこられたことの背後で、たくさんの人の犠牲や辛抱、あるいは切り捨てがあったのではないかと思うのです。先ほどの本田神父の言葉に照らして、そう思わずにいられません。そして四十年間ここにおらせていただいたのは大きな祝福ですが、それはラッキーだったと言ってよいでしょう。だれでもができることではないでしょう。ぼく自身のことについて言っても、何か一つでも違っていれば、きょうこうして皆さんと四十周年の記念礼拝をもつことはできなかったでしょう。

ぼくのおふくろは、ぼくが一年大学を休学して、ここに住み込む直前に脳溢血で倒れて、十日間意識が回復しないまま亡くなりました。もしもおふくろが意識を回復して、障がいをもって生活しなければならないという状況だったら、ぼくはおそらく福吉に来るのをやめて、おふくろといっしょにいただろうと思います。そんなことを一つ考えただけでも、四十年間こうして続けられたのは本当にラッキーだったと思うのです。いろいろなことがプラスに働いたからでしょう。もちろん先に触れたように、多くの犠牲や切り捨てをやってきたことも確かです。そして背後にあって神さまが導いてくださったのだと言わざるをえません。

そして「継続は力か？」という問いはナンセンスだったと思うのです。継続しているから意味があるとか、それが力をもつというのでなくて、私たちにとっては神さまとどのように繋がるかが一番大切なことで、その繋がりの中で継続を許されたものが継続し、それが力になるなら、力にしていただく。でも瞬間的に終わることの中に神さまとの出会いや、大きな力が働くこともあるのです。

一つだけそのことに関連してお話をすれば、ぼくは高橋三郎先生に出会って、イエス・キリストにあらためて出会わせていただきました。そのことを心から感謝しています。高橋先生の歩みとぼくの歩みを比較してみるときに、明確に違うと思わされます。

たとえば、高橋三郎先生は神さまから示されて、キリスト教愛真高校を設立されました。神さまからそう示されたとき、先生はそれに専心するために、それまでのご自分の戦線を整理されました。長い間責任を負い、関わり続けた愛農聖書講習会をスパッと切られました。

また今の台湾は一応落ち着いていますが、大変な時代に高橋先生はこの国をたびたびお訪ねになりました。ぼくも何回か先生といっしょに訪ねました。本当に緊張した雰囲気の中で、先生が言葉を選んで講演される場に同席しました。台湾基督長老教会と先生との間には素晴らしい交わりがありました。けれども、愛真高校設立に専心するために台湾を訪問することもなくなりました。

そんな高橋先生ですから、カネミ油症事件にぼくが関わり、カネミ倉庫株式会社の門前での座り込みを四百回も続けていることに関して、何回かの忠告を下さり、かなり厳しい意見を語られました。「いつまで続けるのか。続ける必要があるのか。君がやる必要があるのか。今の君にはもっと大切なことがあるのではないか。」そういう問いかけでした。もちろん今、先生は何もおっしゃいません。

こうしたことは、今振り返ってみるときに、高橋先生とぼくの歩みの大きな違いだなと思います。本当に恥ずかしい話ですが、ぼくは筑豊に来たことも、カネミに関わったことも、ハンセン病療養所に関わりをもったことも、神さまに「これをしろ」と言われたことは皆無です。神さまの声を聞いて何かを始めたという経験がぼくにはありません。むしろ出会いを通して、あるいは大変な失策をして「すみません」と謝るなかで出合った事柄を、自分の中で切り捨てることができなくて、それにずっと関わってきた、というのが正直なところです。

筑豊との関わりも、あの子どもたちの笑顔や、大阪や京都で見えないものが筑豊では見えるという、そんな思いからなので、高橋先生のように神さまがこのことを命じておられるので、それに従って歩むという経験がぼくにはないわけです。ですから逆に言えば、関わった事柄を一つ一つ引きずって歩まざるをえなかったというのが四十年の歩みではないかと思うのです。

本当はどこかで切って、今はこのことに集中するという、重さを量って決断しなければならなかったのかもしれませんが、それができなかったわけです。

でも、そんなことではもう悩まないことにしました。高橋先生には高橋先生の道があり、ぼくにはぼくの道があるのだろうということで、引きずっていることを引きずりながら歩みたいと思っています。

イスラエルの民の荒野の四十年から

それで、この四十年間はいったい何だったのかと考えてみました。

四十年というのは聖書でも大切な一つの区切りで、皆さんよくご存じのように、出エジプトをしたイスラエルの民が四十年間荒野をさまよって約束の地カナンに入りました。ヴァイツゼッカー大統領がドイツの敗戦後四十年の時に、素晴らしい演説をし、それが岩波ブックレット（『荒れ野の40年』）として多くの人に読まれました。ドイツがあの四十年をどのように歩んできたかということが語られています。

このように考えてみますと、この四十年は福吉伝道所にとって何であったのか、そして、これからの福吉伝道所の歩みに対して、その四十年は何を語っているのか、そのことを皆さんといっしょに考えて、記念の礼拝にしたいと思います。

イスラエルの荒野の四十年、つまり、エジプト王ファラオの支配下で奴隷として苦しめられていたイスラエル人が、モーセの指導によって解放され、荒野の四十年を経過してカナンの地へ行くという歴史は、旧約聖書の中でも繰り返し繰り返し想起されています。特にエジプトの地で奴隷であったイスラエル人がモーセによって、もちろん神によってですが、解放されて荒野へ導かれて行く箇所は、「民衆神学」や「解放の神学」でも重視され、繰り返し学ばれているところです。

イスラエルの民がいかにして解放されたかは歴史の原点の一つです。

ところが四十年の荒野の旅が終わった後、「乳と蜜の流れる約束の地」カナンにイスラエル民族が入って行くというその場面については、あまり問題にされてきませんでした。特に現在はパレスチナ問題があって、旧約聖書に書かれているカナンの地へのイスラエル民族の侵入は問題ではないかと言われるからでしょう。神さまが約束された土地だといっても、そこには先住民がいて、彼らの土地を侵略したのではないかというわけです。旧約聖書の中には「聖戦」という思想があって、聖なる戦いと記されていますが、本当にそういうことが起こったのでしょうか。本当に神さまは先住民を皆殺しにするようなことを「聖戦」の名のもとに許されたのでしょうか。こういう疑問があって、「出エジプト」の記事ほど、熱い思いをもってはカナン侵入の記事が読まれてきませんでした。

ところが一九七〇年にアメリカのメンデンホールという旧約学者が、イスラエルの民が約束の地カナンに入った方法について一つの仮説を提案しました。そして、この仮説に基づいて聖書をもう一度読み直してみると、今まで受けとめられてきたように、神さまが聖戦ということで、大変な力を行使して、イスラエルをカナンに導き入れたのではなくて、その逆ではなかったのかと考えられるのです。こういう仮説です。

「かさ上げ説」と呼ばれていますが、当時のカナンに住んでいた、つまり「乳と蜜の流れる約束の地」にもともと住んでいた先住民は、放浪の民イスラエルよりもずっと高度な文明をもっていました。先住民というと、何か文化の低い人々というイメージをもってしまいがちですが、当時の状況でいえばカナンに住んでいた人たちのほうがイスラエルの人々、つまり四十年間荒野をさまよっていた放浪の民よりもずっと文明文化的に上であったというのです。すでに都市国家が存在していて、鉄器を使用できるような高度の文化をもっていたということです。

ですから、放浪の民であるイスラエルの民が戦おうとしても、勝負になりませんでした。戦えばイスラエル民族のほうが負けてしまうという状況でした。四十年間着の身着のままで神さまに導かれて来た民ですから、文化的にはカナンの先住民よりもずっと低かったのです。

メンデンホールによれば、私たちのイメージのほうがおかしいというのです。先住民を追い散らして、そこへ侵入したと思っていますが、そうではなかったということです。圧倒的に文化が上で、武器にしても彼らのほうが上なのに、そんなカナンの地にイスラエル民族がどうやって入って行けたのか。そんなことは常識的には起こり得ないので、「聖戦」ということで神さまが導かれたということになったとメンデンホールは主張します。

たとえばエリコの攻略では、「城壁の周りを十周して鬨の声をあげろ。そうすれば城壁は崩れる」と言われました。そして実際そのとおりになります。そして、神さまの不思議な導きでイスラエルの民はカナンに定着します。ところがメンデンホールは次のように言います。

実はその文明の進んだ都市国家は一つ大きな矛盾を抱えていました。当時は奴隷制社会で、大変な貧富の差がありました。支配する者と支配される者が厳密に分けられ、奴隷が多数存在する社会、当時の都市国家はすべてそういう構造になっていました。支配者は、高度の文明を作り出していましたが、それは奴隷の存在があって可能でした。奴隷は差別と抑圧の中で動物と同じような生活を強いられていました。

ところが、そのような生活を強いられている都市国家の底辺の人々が、自分と同じような、あるいはそれよりも貧しい生活をしているイスラエルの民、四十年間荒野をさまよって、やっとの思いでカナンにやって来ながら、活き活きとして喜んでいる民の姿を見ます。つまり、唯一の神であるヤハウェに導かれるという経験を、荒野で繰り返し体験してきた民です。マナやうずらによって養われ、つまり自分たちの力や持ち物で生き延びてきたのではなく、神さまの護り、神さまの導きを徹底的に経験させられた人々の姿に接したのです。

何も自分たちの側には神さまに誇れるものもなければ、このことでやってゆける自信もない。でも、神さまが憐れみによって導いてくださったことを決定的に教えられたのがイスラエルの民の荒野の四十年でした。

彼らがカナンに入ったとき、何も持たないにもかかわらず、すべてを持っている者のように、それこそ新約聖書のコリント人への手紙に書かれているように、喜び、活き活きしている姿だったでしょう。都市国家で抑圧されている奴隷たちがそれを見て、自分たちもイスラエル人のような生活ができるのではないかということで、自分たちを縛っていた都市国家を脱走してイスラエルの側に寝返ったのではないか。あるいは寝返るところまでいかなくても、イスラエルの民と同じように自分たちも生きていくことができるのではないかという大きな希望を与えられたのではないか。もちろんそれが一日や二日では不可能でも、長い期間を経て、カナンの都市国家全体をひっくり返してしまったのではないか。

これが「かさ上げ説」と言われる仮説です。

この論文が発表されたのは一九七〇年ですが、ぼくはずいぶん後になってこの説を学んで、大きな衝撃を受けました。

イスラエル民族がカナンに入ったのは、決して武器や経済力で占領したのではなく、とてもそんなかたちでは入ることのできない、高度な文化や文明をもつ人たちの中にある大きな矛盾が、あらわになったためではないか。イスラエルの民を見ることによって、最下層で生きていた人々が自分たちもあの民となら、共に歩めるのではないかという大きな励ましを与えられて、都市国家を脱走し、イスラエルの民といっしょになったのではないか。このことは旧約聖書からもわかることで、カナンの先住民族がイスラエル民族に加えられているのです。なぜこんなことが起こったのかは謎でしたが、メンデンホールの仮説によれば説明できるというわけです。カナンに住む先住民のうち、最下層の人々がイスラエルとともに歩み始め、長い期間を経由してカナンにイスラエルの民が定着できるようになります。こうして、イスラエルは荒野を旅して来た時から、その共同体の数を増やしていったのです。

これは繰り返しますが、一つの仮説です。そして日本ではあまりこの説は取り上げられませんが、ぼくは福吉伝道所四十年の歴史を通して、メンデンホールがとなえた荒野での生活を通して、それだけの実力（自分には何の力もないが、私たちを導いてくださった唯一の神は、私たちとともにある。私たちはそのことを信じて生きていくことができるのだ。そこに立ちきった、しかも民族として立ちきったイスラエルのもっていた力）を得てきたのかどうかが問われていると思います。イスラエルの民と同じように神さまだけを唯一の逃れ場にしているか。そういうふうに私たちは導かれてきたのだろうか。そのことを皆さんといっしょに確認したい福吉伝道所の四十年の歴史です。

軍隊や権力や金の力ではなく

ここまでは旧約聖書の話でした。新約の時代になって、実はこれと同じことが起こりますが、このこともあまり言われません。イエスさまの時代、あるいはイエスさまが亡くなってパウロが伝道した時代、当時はローマを中心とする世界でした。「すべての道はローマに通じる」と言われたように、ローマに向かって道路が完備していました。それは軍用として作られたものでした。ローマから多数の兵隊が何回も周辺の国々に派遣されて、諸国をどんどん制圧していきました。ローマ帝国の形成です。そして凱旋する将軍を迎えるためにローマへの道はますます完備されて、大変な数の軍用道路がローマを中心に広がっていったのです。

その当時、繁栄を極めたローマ帝国の地図を見ると、ユダヤはその一番端っこの小さな地域でした。ご存じのようにイエスさまの時代、ユダヤの国もローマの支配下にありました。そのローマ帝国の片田舎で起こった福音、イエスさまはほとんどユダヤの地域を出られませんでしたが、その後に活躍したパウロはその福音を、当時の世界に伝えました。都合四回の伝道旅行を通して、イエス・キリストの福音は当時の世界全体に広がっていきました。パウロの通った道はもちろん海路もありますし、山道もありました。パウロは最終的にローマへ出かけますが、その通った道は、ほとんどローマの軍隊が作り、使った軍用道路でした。

けれども、その軍用道路をパウロは、征服に向かうローマの軍隊とは逆方向に通りました。つまり、ローマ軍は自分たちの権力や武力を用いて、周辺の国々を征服するために、そして征服してからは凱旋するために用いたその道を、パウロは少数の人々とともに福音を携えて歩いたのです。通った道は同じ道でした。

パウロが使った言葉は、コイネーと呼ばれるギリシア語で当時の世界語でした。今日の英語のように、この時代の人々が使った言葉でした。イエスさまはコイネーを使われなかったでしょうが、パウロはローマの市民権をもっていたので、コイネーを使って、イエス・キリストの福音を当時の世界全体に伝えました。

こうして福音はローマにまで達しますが、ローマはキリスト教に対して大変な迫害を行います。けれども三百年ほど経ち、そのローマ帝国がキリスト教を公に認めるのです。有名なコンスタンティヌス帝によるキリスト教の公認です。

どうしてローマ帝国はキリスト教を受け入れ、やがて国教にまでしたのでしょうか。これについては、いろいろな説があり、おそらく多くの条件が重なってそうなったのでしょうが、福音の本質から考えて、ぼくは、次のことがいちばん大きな要因だったのではないかと思っています。

当時のローマは帝国の中心ですから、ありとあらゆるものの中心だったでしょう。武器であれ、兵士であれ、あるいは文化文明も、そして宗教も、ありとあらゆるものが揃っていました。征服したあらゆる国々の文化や宗教が持ち込まれていたからです。

イエス・キリストの福音も当初は、そんな征服民族の一つの宗教としてローマに到着しました。それが三百年という長い時を経過して、公認され、そして国教となります。何が起こったのでしょう。

旧約聖書でメンデンホールがとなえた「かさ上げ説」のようなことが、ここでも起こったのではないかと思います。四十年間荒野でさまよい、何も持たないにもかかわらず、神さまが守ってくださる、神さまが共にいてくださると喜び、自由にされ、解放されているというイスラエルの民の姿を見たカナンの人々（先住民の中で抑圧されていた人々）が続々と、イスラエルの共同体に属したいと考え、イスラエルのカナン占領を可能とした。それと同じようなことがローマでも起こったのです。

最初にローマで福音を受け入れたのは、もちろん裕福な商人や、軍人たちもいたでしょうが、その多くは貧しく、抑圧された人々、つまり奴隷たちでした。彼らは、ローマ社会で支配者たちがその文化文明を享受しているときに、一生懸命に働いていました。カナンと同じような状況があったのです。

そうした構造の中で苦しんでいる奴隷たちに、ナザレのイエスの説いた福音は、何も持たなくても、奴隷であっても、自由にされ、解放されて、活き活きと喜んで暮らす、そういった群れを生み出していきました。はじめは、カタコンベと呼ばれる小さな洞穴の中で起こった集会であったかもしれませんが、細胞の分裂活動のようにローマ社会の中に次第に広がって、力をもっていくようになったのです。それが福音の力です。

ローマ帝国がキリスト教化されて、ローマ教皇が生まれ、今度は軍隊といっしょになり、そのローマ教皇を中心とした勢力が大きな力をもってキリスト教を世界に広めました。それは非常に強い力でしたが、ぼくは、それは「偽りの力」だと思っています。アフリカにしても南米にしても権力や武力や金の力と結びついて、キリスト教は勢力を広げていきました。けれども、それは「乳と蜜の流れる地カナン」へ行ったときの福音、あるいはローマ帝国に浸透していった福音とはまったく違うものではないでしょうか。そしてそのまったく違うものが日本にも伝わって来て、キリスト教とはこういうものであるとなっているのではないでしょうか。

福音書が語り、出エジプトを通して明らかにされているように、神が共にいてくださる人々とは、抑圧され、苦しめられ、そうであるからこそ、神以外に頼ることのできない場に追いやられ、そしてそこで本当に喜んで生きている人たちです。福吉伝道所にもし使命があるとすれば、この福音に立ち返って、お金や権力と共にする伝道ではなく、あるいは武力と共にする伝道ではなくて、神さまが共にいてくだされば、そこに解放があり、自由があり、それが人々の心に伝わっていくということでありたいのです。そういう福音をぼくは高橋三郎先生から聞き、この福吉伝道所で四十年間伝えてきました。失敗もたくさんありましたし、逸脱もありましたが、とにかくこの福音を語ってきたと思っています。

きょうここで、皆さまと四十周年を迎えることができたこの時にもう一度、この福音に立ち返りたいと思います。Ｆさんが祈ってくださったように、これから私たちが何でやっていくのか、と問われるならば、この福音以外にないと答えたいのです。

軍隊や権力、金の力といっしょのキリスト教の尻馬に乗る必要はありません。そうではなくて、征服に向かうローマの軍隊が通る道を逆方向に歩いて伝えたパウロの福音に立ち返りましょう。

高橋三郎先生は言われました。パウロの書いたあのローマ人への手紙は（当時はパピルスという紙に書かれた直筆の巻物を人が運んだのです）、解放奴隷の女性フィベによって軍用道路を通ってローマに運ばれたのだ、と。ぼくはそれを聞いたとき、涙が止まりませんでした。そういう福音を私たちは聖書から聞きたいし、この福吉伝道所でもそういう歩みができないだろうかと思うのです。

キリスト教を信じたら豊かな生活ができるとか、生活が安定するとか、そんなキリスト教もあることを否定はしません。けれども、本当にあのローマ帝国を潰し、弱さの中で活き活きと働いた福音の力はそれとは別のものであったのではないでしょうか。

一人の青年のこと

それでは福吉伝道所が、あるいはぼく自身がそのように生きているのかと問われると、まったくそうでないことを、皆さんの前に告白せざるをえません。だからこそ、悔い改めて、皆さんといっしょに新しい出発をしたいと願うのです。

五月二十一日に電話がかかってきました。ぼくは留守だったのですが、素子さんが応対してくれました。「犬養先生はS・Mという人を知っていますか」という内容の女の方からだったといいます。ぼくが帰って来て、「S・Mさん」という名前を聞き、どこかで聞いた名前だな、という気はするのですが、すぐに思い出せませんでした。素子さんから、「あの人じゃない」と言われて、ふっと思い出しました。もう今から一年ほど前にぼくのところを訪ねてくれた青年でした。

そのことを思い出して、すぐに電話をくれた人に連絡をしました。彼女は妹さんでした。そうしたら向こうは涙声で、五月十八日に田川のアパートでお兄さんが首を吊って死んでいるのが発見されたというのです。いつ死んだかわからなくて、誕生日が四月六日だから、おそらくその日に死んで、そのままだったのだろうということです。

「犬養先生、兄のことで知っていることがあれば全部話してください」と言われます。「どうしてぼくの電話番号がわかったのですか」と聞くと、「兄は鬱で、いつも『死ぬ、死ぬ』と繰り返していたので、それに慣れっこになってしまい、まともに聞いていませんでした。でも本当に首を吊って死んでしまったのです」と言い、「兄は生前に、『ぼくには尊敬する先生が二人いる。一人は遠くにいる先生だが、もう一人は田川におられる』と言っていました。先生と言うだけで名前はわからなかったのですが、遺品の中に携帯電話があって、それに犬養先生の電話番号が登録されていたのです。『先生』と兄が言ったのはおそらく犬養先生しかいないので、それで電話したのです」と話されるのです。

本当に恥ずかしいことに、一年前のことで、ぼくはうろ覚えだったのですが、「十年日記」を出して調べてみました。すると、昨年の五月三十一日に彼がはじめてぼくを訪ねて来ていました。ぼくの生活がテレビで放映されたのを昔観ていた彼は、その犬養先生が今でも福吉にいるかどうか、金田町の社会福祉協議会に電話をかけて確かめているのです。

その日二時間ほど、それこそ死にたいから始まって、生きている意味が何もなく、きっかけがあれば死のうと思っているという話を、小学校の時からの生活、お父さんが亡くなったこと、お母さんが入院されて、今まで住んでいた家を親戚に売り渡さなければならなかったこと、自分は努力しても、どうしても人と交わることが苦痛で、仕事を何回変わっても、うまくいかないことなどを話しました。ずいぶん長い話でしたが、最後に彼は、「犬養先生、ぼくをここに置いていただけませんか」と言うのです。ぼくが躊躇していると、彼のほうから、いかにぶしつけなことを言ったか、と謝って帰って行きました。

それから自分で家探しをしたようです。ぼくも気になって、Uさんの入っておられるところに、空いている部屋があれば紹介しようと思い、いっしょに見に行く約束までしていましたが、とうとうその時は来なくて、それから田川で一室借りることができたという電話がありました。

その後一度だけ来て、その後の生活の様子など語ってくれましたが、そのままになってしまいました。ときどき思い出して気にはなっていたのですが、訪ねることもしませんでした。

彼のような人が「自分を見捨てて、だれも受けとめてくれなかったけれども、福吉伝道所は受けとめてくれた。ここでなら、ひょっとしたら生きていけるかもしれない」ということになれば、四十年の荒野の旅をしたイスラエルと同じように、福吉伝道所は一つの証しをすることができたでしょう。けれども、彼のことが象徴するように、四十年の歴史の中で、こんなかたちで何人も亡くしたり、去らせたりしてきました。もう少しぼくに愛があれば、と思うと、悲しみでいっぱいになります。

イエスさまと共なる歩みを

昨日は、第四百十八回目のカネミ門前座り込みの日でした。ぼくの体のことを心配して、それぞれ自分のほうこそ大変だったり、病人を抱えたりしているにもかかわらず、カネミ門前に来て、ぼくの体の癒しのために祈ってくださる人たちがいました。そして、こうして皆さんのように駆けつけ、いっしょに祈ってくださることがどんなに幸せであることかと思います。その反面、S・Mさんのように、「おれはもう要らない人間で、だれからも相手にされないで、死んだほうがいいんだ」と言って、逝ってしまう人もいます。そうした人たちが、自分も愛されている、自分も生きていていいのだ、自分にも自由と解放が与えられていると実感できる場所に、福吉伝道所がならなければ意味がない、と思います。

もちろん分を越えて、すべてのことがぼくたちにできるわけではありません。でも、もっと深く神さまに従えば、もっと深く会う人、会う人に心を開き、また心を開いてもらえれば、キリスト・イエスにあることがどんなに大きな祝福で、いのちであるかを私たちは共に証ししてゆけるのではないでしょうか。

そこに焦点を合わせ、そこに祈りを合わせて、新しいこれからの歩みを皆さんといっしょにさせていただければと思います。

きょうの聖書の箇所はイザヤ書四〇章です。これは捕囚の民が苦しみの中で、自分たちには頼るものは何もないけれども、神さまの言葉が私たちを支える、というものです。

「草はしおれ、花は散る。

しかし、私たちの神のことばは永遠に立つ。」（八節）

この神の言葉が人となって現れたのがイエス・キリストです。イエス・キリストこそは、草のように、しぼんで枯れてしまうような私たち一人ひとりを憐れみ、いや私たちだけではなく、S・Mさんも憐れみ、そこに来てくださいます。ですから、この方を迎えて、私たちの歩みを、皆さんといっしょに新しい歩みを始めることができればと思います。

お祈りします。

神さま、傲慢な者が四十年も許されてこの場所で歩ませていただきました。福吉の地域の人たちも、教会の人たちも、また九州教区、日本キリスト教団、そして出会った多くの人たちが許してくださったから、こうして歩みをすることができました。それでも多くの人たちを傷つけ、切り捨ててきたことを告白せざるをえません。本当に悲しいこともたくさんありますけれども、きょうは一つのことを通して、もう一度ハッキリとあなた自身に立ち返り、私たち自身を誇りとするのでなく、あなたによって生かされることを喜べる者として私たちを立たせてくださるように、ここにいる皆さんといっしょに祈らざるをえません。

神さま、どうぞ私たちを憐れんでください。そしてその憐れみが、どんな人にも通じていく、そこへと私たちを導いてくださるように心からお願いいたします。

いろんな思いを込めて集まってくださったお一人おひとりの上に、あなたの憐れみを与えてください。どうぞあなたが導いてください。感謝とともにこの小さい祈りを主イエス・キリストの御名を通して御前におささげいたします。

アーメン

夕暮れ時に光がある

［本稿は、二〇〇八年一月十八日、第二十二回外国人住民基本法の制定を求める全国キリスト者集会でお話をしたものがもとになっています。］

「その日には、
光も、寒さも、霜もなくなる。
これはただ一つの日であり、
その日は主に知られている。
昼も夜もない。夕暮れ時に光がある。」（ゼカリヤ一四・六〜七）

中山さんの歌

皆さん、おはようございます。はじめに川柳を聞いていただきたいと思いますが、だれがどんなところで歌っているか、想像してみてください。

やっと今終えた親子のかくれんぼ

万感や両手に余る父の骨

大空へ偽名が消えていく煙

全景に火葬場のある島の園

生き残る我に重たき死者の風

もういいかい骨になってもまあだだよ

世の移り納骨堂を置き去りに

残るのはこれだけですか骨少し

誰の手か私の骨を拾う箸

ヨブ記読む胸のつかえの溶けぬ夜

想像できるでしょうか。瀬戸内海に長島という島がありますが、そこにハンセン病の療養所「邑久光明園」があります。そこの教会の中山秋夫さんが昨年（二〇〇七年）十二月四日に七十四歳で亡くなりました。中山さんは国賠訴訟の原告の一人で、弁護士たちが追悼文の中で「私たちは中山さんから、尻を叩かれ励まされて、この国家賠償訴訟を勝ち取ることができた」と語っています〔筆者注＝二〇〇一年五月十一日、原告全面勝訴の判決が下されました〕。原告の一人として、裁判にそれだけ深い関わりをされた方なのですが、川柳が好きで、いつもこういう歌を作っておられました。

「やっと今終えた親子のかくれんぼ」というのは、こんな歌です。お父さんもハンセン病で、草津の療養所におられて、そこで亡くなるのです。けれども中山さんは、なかなか外に出られませんでした。やっと出られるようになってから、お父さんの骨を引き取りに行かれました。しかし、なんぼ捜してもその骨壺が見つかりません。そして、やっとのことで見つけたときの歌です。

ハンセン病療養所の塀の中で、これまでどんなことが行われていたかということが、今かなり明らかにされてきました。今と違って、お医者さんも看護師さんも数が足らなくて、比較的軽い病気の人たちが重い病気の人たちの世話をしていました。中山さんもずっとその見守りをしていて、「自分は死者につき合ってきた。三百人の死者に」と言っておられました。

中山さんはまた、「みんな笑顔で死んでいった」とも言われます。その笑顔はおそらく、やっとこれで自分からも解放されるし、自分が生きているために迷惑をかける親や親戚たちからも解放されるという笑顔だったというのです。

「全景に火葬場のある島の園」というのは、こういう歌です。療養所に入ったら、かつてはそこから出られませんでしたから、どこの療養所にも大きな火葬場があります。そうすると、納骨堂が全景にあるのです。

中山さんは訴訟に踏みきるときに歌を書いて、納骨堂の骨たちが自分に語りかけてくれるんだ、と言っておられました。それが、「生き残る我に重たき死者の風」「もういいかい骨になってもまあだだよ」です。

告発して、裁判に勝訴するなかで何人かの人が外に出られるようになりました。しかし、骨になっても、引き取り手のない人たちがたくさんいます。その現実が、「世の移り納骨堂を置き去りに」「誰の手か私の骨を拾う箸」です。

崔昌華牧師のこと

中山さんの歌に、「大空へ偽名が消えていく煙」があります。ご存じのようにハンセン病療養所に入りますと、みんな自分の名前を隠して、違う名前にするようになります。その偽名で一生を送るわけですが、それが大空へ消えていく、と。

「名前」ということを考えますと、やはり崔昌華（チォエ・チャンホァ）先生の「名前訴訟」のことを思い出さずにいられません。これは「一円訴訟」とか「人格権訴訟」とも言われましたが、それ以外にも「指紋拒否訴訟」、「再入国権訴訟」など、崔昌華先生くらい裁判闘争を行った人もいないのではないかと思います。崔昌華先生は戦後、故郷朝鮮半島の北から南に逃れ、そして韓国から日本に来られて、「特別在留」という非常に不安定な在留資格でした。この「特在」は法務大臣の自由裁量ですから、短縮も自由ですし、場合によっては強制退去もありえるというものです。その中で、あれだけの裁判をされたというのは、本当にすごいなと思うのです。

この名前裁判は、皆さんご存じのように、最高裁までいきました。しかし敗訴でした。日本社会がまだ本名読みに慣れていない、という時期尚早論みたいな判決です。面白いのは、その判決を書いている新聞が全部、「チォエ・チャンホァ」と報じたことです。

崔昌華先生はいつも、裁判官に訴えるとか、傍聴席に向かってパフォーマンスをやっているとかではなくて、詩篇の作者たちがよく言ったように、山を呼び、海を傍聴席に呼んで、自分は神の裁判所で自分のことを語っていると言っておられました。そして先生は、「私の裁判は必ず勝つ」とおっしゃっていました。裁判で勝つとか負けるとかというのでなくて、これは運動の中の一環でした。もっといえば、神さまの前での崔昌華先生の信仰告白であった、と思わざるをえません。ですから、先生が非常にこだわられたのは、裁判記録をきちっと残していくことです。それが「セッピョル」(崔先生による記録誌)で、全部で十五巻になります。これは、この西南KCC会館の資料室の中にも収められています。

あの忙しさの中でこんなに記録を残して逝かれた崔昌華先生を思うとき、裁判所が門前払いをしたり、あるいは敗訴という判決を書いたりしましたが、裁判は何であったのか、何と闘ってきたのかということを研究してください、と言われているように思い、ぼくは一年間それをやろうと思いました。

天幕を張って

ぼくは、福吉伝道所という筑豊の片隅にある小さな伝道所で、今年（二〇〇八年）で四十三年目になります。礼拝は多いときでも十五人ぐらい、だいたい十名前後の小さな礼拝をしていますが、秋には二泊三日の聖書講習会を開きます。そこにはいろいろな友人が二十名から三十名ぐらい集まってくれます。昨年（二〇〇七年）も十月六〜七日にもたれましたが、遠方から初めての方々も参加してくださいました。

ぼくたちはこの聖書講習会のことを一年に一度、砂漠のオアシスに天幕を張って、四十年荒野をさまよったイスラエル人がしたように、神の名を呼び求める場であるとイメージしています。そして憐れみ深い神さまは、毎年その呼び声に応えてくださいました。昨年もそうでした。

水野英尚さんが、お連れ合いの睦さんと娘さんの光さんといっしょに参加してくださいました。水野さんは聖書講習会の常連ですが、睦さんと光さんは初めての参加で、十三歳になる光さんは重い障がいがあって、横になったままですし、話すことができません。食事も皆といっしょのものは食べられず、特別のものを持参されました。それでも、朝の早天祈禱会から夕べの読書会の難しい議論まで、お父さんお母さんの横で黙ったまま参加しておられました。

浜松市の老人ホームにおられる松田敏子さんも、初めての参加でした。松田さんは八十六歳です。長い間台湾での伝道に携わり、日本に帰ってから、癌の宣告を受けられたのですが、体の動く間にと全国を駆け回っておられます。

その松田敏子さんが、聖書講習会での水野さんご一家との出会いを、次のように書いてくださいました。

「水野光さまにお会いしたとき、小さく無力になられたイエスさまが共におられることを実感し、若いご両親をも仰ぎ見る思いで胸がいっぱいになりました。イエスさまはこのご両親を選ばれて、光ちゃんを通して、わたしはここにいるよ、と言っておられる思いがいたしました。わたしはご再臨の日まで地上に平和はないように思い、永遠の祈りの課題のように思っていましたが、イエスさまはこの地上ですでに、小さな形で来ていてくださることを教えられ、知らされたことも、光を見せてくださった思いです。」

松田敏子さんは、自己紹介の時に、自分が最後に入ることになっているターミナルケアの病院には「夕暮れ時に光がある」ということばが掲げられていることを紹介されました。

水野英尚さんも便りを下さって、そこに次のように書いておられました。

「先日の源じいの森での聖書講習会では、たいへんお世話になりました。連れ合いと娘の参加もあって、先生をはじめ、素子さんや皆さんにいろいろ心遣いをいただき、ありがとうございます。今回は、私自身深く考えさせられながらも、なかなか言葉にすることができずに過ごしてしまったことを反省させられています。現在、牧師を批判しつつ教会から距離をもって、介護の現場に重点を置いている歩みは、いつしか、聖書を読めなくなっている（現場と聖書の乖離！）状況にあったのだということを改めて知らされています。しかし、『わたしはある』（エゴー・エイミ）と語られる方が、希望の見えにくい世の中や職場や教会にあって、尊敬する人やそうでない人とともにいて、私とも共にいてくださることが、どんなに大きな恵みであるのかを教えられました。

人生と信仰の大先輩である参加者の語る一言一言に、その仕草に大きな感銘を受けています。中でも、高齢になり、十分言葉で語ることはできない松田先生が、わざわざ娘のもとに来て、本当に低みに立ってお辞儀をされ、人生の辛苦を味わった手で頭に触れた光景は忘れることができません。まるで、東方の学者が乳飲み子イエスを訪ねて礼拝をささげた、あのクリスマスの光景がそこにあるように感じました。私たちも謙虚になって、キリストによって今があることを覚え、与えられた使命に生きたいと思わされた瞬間でした。」

私たちの聖書講習会が素晴らしいというのではなくて、ぼくは自分の実感として、必死に求めている人たちの祈りに応えて、その人たちといっしょにイエスさまが私たちの聖書講習会に来てくださって、私たちはそれに触れさせていただいて、「ああ、そうだったんだ」と確認させていただいているのです。昔、イスラエルの人たちは出エジプトをして、約束の地に行くまで、ところどころにテントを張り、祭壇を築いて、そこを神さまに出会う場所と言っていたわけですが、ぼくは、一年一回のこの聖書講習会はまさにこの「テント」だと思っています。

ところで、崔昌華先生の出発点、原点とはいったいどこかということを考えると、その一つは金嬉老（キム・ヒロ）との出会いだろうと思います。『キムの戦い』という映画がありますが、金嬉老は寸又峡でライフル銃を持って、人質を取って立てこもりました。当時（一九六八年）小倉教会に来たばかりの崔昌華先生が、金嬉老を救わないといけないということで、静岡県の寸又峡まで駆けつけて、あそこで何日か過ごされた、それが先生の出発点だったのではないかと思います。

『金嬉老事件と少数民族』（酒井書店）という先生の初めての著作がありますが、その中にびっくりするような表現があります。寸又峡で先生は、金嬉老の命が助かるためには何でもするという覚悟でいました。そのとき、陣頭指揮をとっている県警の本部長がいました。その県警本部長と先生とではまったく立場が違います。しかし、金嬉老の命が守られたということがわかった瞬間に、県警本部長と崔昌華先生が抱き合って、「良かった、良かった」と涙を流して泣いたというのです。それは、ぼくが接していた崔昌華先生からは想像できないことです。しかし、ここに水野さんが告白してくれた「尊敬する人も、そうでない人も、敵とも、そして私とも共にいてくださる方と出会う」があります。その根拠が「エゴー・エイミ」なのです。

エフイエ＝エゴー・エイミ

今回のぼくたちの聖書講習会の主題は、「アブラハムの神、イサクの神、ヤコブの神」で、創世記のアブラハム物語を学びました。その中のテーマの一つが、ぼくたちの信じる神さまは「イエス・キリストの父なる神さま」であるが、そのお方は「アブラハムの神、イサクの神、ヤコブの神」であるという認識がぼくたちにあるだろうか、という問いかけでした。そして、旧約の神と新約の神がどこで繋がるのかという問題に対して、最近、日本の旧約学者である木田献一先生が提出しておられる論考（『神の名と人間の主体』教文館）に学びました。

旧約に一貫して出てくる神名は「ヤハウェ」（ＹＨＷＨ）です。でも木田先生は、もう一つ「エフイエ」という名があって、これは「わたしはある」という意味で、「ヤハウェ」より古いと言われます。旧約聖書では出エジプト記三章一四節に三回出てきます。「エフイエ・アシェル・エフイエ」（「わたしは、『わたしはある』という者」）と、『わたしはある』という方」です。後者ではハッキリ名前として書かれています。「ヤハウェ」は旧約聖書に六千八百二十三回出てくるそうですが、「エフイエ」は名前としては一回だけです。
そして、実は新約聖書、特にヨハネの福音書に二十九回出てくる「エゴー・エイミ」（わたしはある、わたしは……である）がこれに対応している、と言われるのです。「エゴー・エイミ」は、「わたしは道である」とか「わたしはいのちである」とかに使われる場合と、六章一六〜二一節のように「わたしだ。恐れることはない」と使われる場合があるのです。

「弟子たちは、イエスが湖の上を歩いて舟に近づいて来られるのを見て恐れた。しかし、イエスは彼らに言われた。『わたしだ。恐れることはない。』それで彼らは、イエスを喜んで舟に迎えた。すると、舟はすぐに目的地に着いた」（一九〜二一節）。

「エフイエ」と呼ばれる神は、イエス・キリストというかたちをとって、私たちとともにいてくださいます。それが福音なのです。
「祈りの友」という会があります。昔は結核になったら治らないというので、全国各地、顔も知らない人たちが、イエスの亡くなった午後三時に祈りを合わせるという会、それが「祈りの友」です。ぼくもその中に入れてもらっていますが、年に一回機関紙が出ます。

それには毎回、亡くなっていった人たちの記事が載ります。亡くなっていった人たちの天国の名簿と、地上で生きている人の名簿があって、天国の名簿のほうがずっと多いのですが、その人たちのことを語りながら歩んでおられます。

その中に松尾達子さんという方がいました。お連れ合いさんも結核で亡くなりましたが、彼女は何回も手術を受けて癒され、素晴らしい働きをしておられました。けれども、道を歩いているときに交通事故に遭い、亡くなられました。亡くなってから『み名をほめよ――苦難に生きた信仰と愛の証言』(聖燈社)という遺稿集が出て、彼女の日記の一節が公開されました。その一九八〇年十一月八日の日記に、こうあります。

「――夜めざめて――
主イエス様
『わたしはあなたです』
このお祈りを
主イエス様のみ名によっておささげいたします。」
このお祈りを申し上げて安心いたしました。

松尾達子さんは、キリストとともにしか生きることのできないという場所を何回も何回も通りながら、そして苦しいことに接しながら、ある晩、目覚めて、「わたしはあなたです」、つまり「エゴー・エイミ」という祈り、あるいは告白をします。ガラテヤ人への手紙二章二〇節では、「もはや私が生きているのではなく、キリストが私のうちに生きておられるのです」とパウロは告白しています。

このようにキリストに触れ、キリストとともにあるということを告白した人は、それで救われて良かったではなくて、キリストがそうであったように、関係してくるいろいろな問題を担いながら、苦しみながら歩んでゆくという姿をとります。聖書はそのことを語っているとぼくは思います。そして、ぼくたちがキリストに出会うとはどういうことなのか、神さまがぼくたちとともにいるということを確認して歩みだすとは、いったいどういうことなのかを考えさせられ、教えられるのです。

またぼくは、鈴木正三さんの『キリストの現実に生きて――ナチズムと戦い抜いたボンヘッファー神学の全体像』（新教出版社）を感動して読みました。鈴木さんがおっしゃるには、ボンヘッファーは若い時からずっとキリストの現実に生きていた、と。ボンヘッファーもまた、キリストの現実に触れて生きるからこそ、「エゴー・エイミ」と告白することを通して戦いの場に引き出され、苦しみの場に引き出され、しかしそこにある大きな光を見ることができたのだ、と。

「異質の光」

ゼカリヤ書には、終末の日、「その日」に起こることが書かれています。「その日」には「光がなくなる」と書かれていますし、「昼もなければ、夜もない」とも書かれています。ぼくたちは「光」といえば、太陽をイメージします。イメージだけでなく、いつのまにか太陽なしの「光」など考えられなくなっているのではないでしょうか。しかし、聖書ははっきりと、被造物である太陽も「その日」にはなくなる、と語ります。

「私は、この都の中に神殿を見なかった。全能の神である主と子羊が、都の神殿だからである。都は、これを照らす太陽も月も必要としない。神の栄光が都を照らし、子羊が都の明かりだからである。諸国の民は都の光によって歩み、地の王たちは自分たちの栄光を都に携えて来る。都の門は一日中、決して閉じられない。そこには夜がないからである。こうして人々は、諸国の民の栄光と誉れを都に携えて来ることになる。しかし、すべての汚れたもの、また忌まわしいことや偽りを行う者は、決して都に入れない。入ることができるのは、子羊のいのちの書に記されている者たちだけである」（黙示録二一・二二〜二七）。

「夕暮れ時に光がある」と書かれている「光」は、この子羊から発せられた光です。そして何も話せない光ちゃんから発せられた光も、この光です。

水野英尚さんが一冊の本を紹介してくださいました。髙谷清さんの書かれた『異質の光——糸賀一雄の魂と思想』（大月書店）です。

糸賀一雄という人は、日本の障がい児教育の草分け的存在で、琵琶湖のほとりに建てられた「近江学園」という施設で、障がい児教育と取り組まれました。糸賀先生の有名な言葉は、「この子らに世の光を」ではなくて、「この子らを世の光に」です。その言葉に先生の思想がハッキリと表されています。そして日本では、糸賀一雄という名前と、この「この子らを世の光に」という言葉を、この方面で知らない人はありません。

ところが、糸賀先生の弟子の一人である髙谷清さんが糸賀先生の伝記を書き、その中で「この子らを世の光に」という場合の「光」と、「この子らに世の光を」という場合の「光」では同じ言葉が使われているが、違う光だ、と言われるのです。それが題名の「異質の光」です。

本当にそうだと思います。「異質の光」はぼくたちがそのままいて、だれにでも見える光ではないのです。先ほど紹介した松田敏子さんと水野さんご一家の素晴らしい経験、光ちゃんから発せられる光は、そのとき、ぼくには見えなかったのです。後になってお二人から便りをいただいて、こんな素晴らしいことが起こっていたのだと知らされたのです。

聖書講義を担当し、会全体に責任を負っていたと思い上がっていた傲慢なぼくには見えない「光」だったのです。低みに立ってお辞儀をする、そして平和が、イエスさまが小さなかたちで、すでに来ていると告白された松田先生には見えた「光」だったのです。

糸賀一雄先生は、この光のことを次のように語っておられます。

「この光は、この人びとから放たれているばかりでなく、この人びとと共に生きようとしている人びとからも放たれているのである」

「この異質な光をみとめるというはたらきは、なにか特別な能力であるかのようであるが、じつは決してそうではない。いつの世にも、そしてだれにもそなわっているのである。しかしその能力は、あやまった教育と生活のために、長いあいだ隠されており、はたらきがにぶってしまったのである」(『異質の光』一九二頁)。

低みに立って

「異質の光」がそもそも人間に備わっているものか、本来人間にはないものか。神学的にも現実的にも大きな問題ですが、ぼくは、それは時間をかけて、各々の実践の中で確かめていったらいいことで、結論を出すのにむきになる必要はないと思います。

たとえば、足尾鉱毒事件と闘った田中正造が、「谷中の人は日本の神様である」と言いました。かつて林竹二先生が田中正造のことを講演されたとき、ぼくは林先生に質問しました。「田中正造が見た神様とはいったい何だったのですか」と。すると林先生は、「谷中の人たちがもっていた自治じゃないですか」と答えられて、ぼくはちょっと拍子抜けしました。けれども、そうしたものが人間の中にあるのです。糸賀先生も「だれにもそなわっているのである。しかしその能力は、あやまった教育と生活のために、長いあいだ隠されており、はたらきがにぶってしまったのである」と言っておられるわけです。ぼくは、自分の告白としてはそうでないと思っていますが、そんなことを、実践の場所で議論したり論証したりする必要はまったくありません。

そして、林竹二先生が「私は教育のすべてを子どもたちから学んだ」と言われたことや、紙野柳蔵さんの苦渋に満ちた闘い……、そこにある問題も、ぼくが今考えさせられている問題と同じ事柄ではないかと思っています。

イエス・キリストという「光」がすでに来てくださっている、ぼくたちはそのことに気づけるはずです。低みに立たせていただきたいと思います。悔い改めなければ、「異質の光」は見えないのです。

湖上を歩いたペテロ

——福吉伝道所四十六年の歩みを振り返って

［本稿は、二〇一一年二月十三日、日本キリスト教団飯塚教会の特別伝道集会でお話をしたものがもとになっています。］

聖書箇所　マタイの福音書一四章二二～三三節

特別伝道集会に招いていただき、ありがとうございます。二〇一一年三月で福吉伝道所を閉じる決心をしてこの一年を歩んできました。これが最後だと自分でも意識して歩んできました。やはり、「この四十六年間は何だったのか」が、ぼく自身に問われてくる毎日でした。

「来なさい」という主イエスの声

さて、先ほど読んでいただいた有名な、イエスご自身が湖上を歩いて弟子たちの舟に近づかれたという話。マタイの福音書には、それを見たペテロが「あなたでしたら、私も湖の上を歩かせてほしい」と言い、そして、「来なさい」という主イエスの言葉によって湖上を歩いたという記事が記されています。

ぼくは小さいころから教会に通っていたので、湖上を歩けたらどんなにいいだろう、そんな力が自分にあればどんなに素晴らしいだろう、そんな力はどうしたら与えられるのだろうと考えていました。しかし、舟に乗ったり、水上スキーのように工夫したりしたらできるでしょうが、人間がいくら頑張ってみても、まずは不可能なことです。しかし、この四十六年の歩みをいま振り返ってみて、福吉伝道所の、あるいは自分自身の筑豊での歩みは、実感として湖上を歩かせていただいたと思わざるをえないのです。それが正直な思いです。

人間が湖の上を歩くことができるのかどうか、と頭の先で考えるのではなく、実はこの記事が長い歴史の中で大切に読まれ、そして、そのことを自分たちのこととして受けとめてきた人たちがいます。その人たちは、自分の歩みも、そして自分の属している教会の歩みも、それは「来なさい」という言葉に基づいたものであり、とても自分の中にある力でそれができたのではないと実感しているのです。

そこで、もう一度、テキストを見ていただきたいと思います。

「するとペテロが答えて、『主よ。あなたでしたら、私に命じて、水の上を歩いてあなたのところに行かせてください』と言った。イエスは『来なさい』と言われた。そこでペテロは舟から出て、水の上を歩いてイエスの方に行った。ところが強風を見て怖くなり、沈みかけたので、『主よ、助けてください』と叫んだ」（二八〜三〇節）。

マタイは、ペテロがイエスさまから目を離し、迫ってくる強い風に気づいて、つまり、イエスさまから目を離すことを通して、迫ってくる風に恐れをなして、そして、沈みかけた、と書いています。

ぼくは自分の経験から、襲ってくる波あるいは風に恐れをなすというのは確かに大きい出来事だろうと思います。けれどもここには書かれていませんが、ペテロは、自分が湖の上を歩いていることに気づいたときにズブズブと沈みかけたのではないか。つまり、湖の上を歩くなど自分にはできないことであるのに、できないことをしている自分自身に気づいたときに、ズブズブと沈みかけた。要点はそういうことではないかと思うのです。つまり、「来なさい」と言われたイエスのほうを見ているかぎり、歩くことができたけれども、そこから目を離したときに歩くことができなくなった。それがここで語られていることの強調点ではないかという気がします。

最近ぼくは草笛の練習をしているのです。残念ながら、まだ皆さんにお聞かせできるようなものではありませんが、なかなか面白いものです。小さな葉っぱだけで、いろいろな曲を演奏できます。湖上を歩いたこのペテロとの関連でいうと、葉っぱのどこにそういう力があるのだろうかと考えます。葉は風に吹かれて音が出るということはありますが、いくら努力しても、葉が自分だけで音を出すことなどとても不可能です。でも、ぼくがそれを唇に当てて吹けば、素晴らしい音がそこから出てきます。つまり、葉っぱは何も知らないけれども、そういう用いられ方をすると、そうしたことが可能になるというわけです。ぼくはいつもそのことを思います。

葉っぱ本来の目的ではないかもしれない。葉の目的は炭酸同化作用を起こして栄養を送るなど、葉そのもののもつ力があるわけですが、それとはまったく違う用いられ方をして、自分の力ではないけれども自分がやっている。葉っぱ自身から声が出ているわけです。響きが出ているのです。ぼくはいつも不思議だと思っています。

イエスに「来なさい」と言われたペテロは、自分にはない力を与えられ、歩くことができました。ぼくたちは、自分はこういう人間なのだ、福吉伝道所とはこういう伝道所なのだ、と自分で勝手に決めてしまいます。主がせっかく「来なさい」と言ってくださっても、「私にはそんな力はありません。そんなことはできません」と断ってしまいます。そうです。力はありませんが、主が「来なさい」と言われたときに不思議なことが起こるのです。それが、四十六年にわたる福吉伝道所の歩みだったという気がします。ぼくや福吉伝道所の力で行ってきたことは本当に何一つありません。ないのですが、不思議にさせられてきたなという気がします。本当に不思議なことが自分の中にあります。

福吉伝道所を訪れる人たちの中には、ここにイエス・キリストがおられるのではないかという思いで来る方がおられるかもしれませんが、ぼくはそのお一人ひとりがむしろイエス・キリストをいっしょに連れて来てくださったという気がしています。その人たちを通して、キリスト・イエスが生きて働いておられることを教えられてきた四十六年だったという気持ちなのです。

無力な自分、ぶざまな自分をさらけ出すこと

先ほどの聖書の箇所のもう少し後を見てください。

「ところが強風を見て怖くなり、沈みかけたので、『主よ、助けてください』と叫んだ。イエスはすぐに手を伸ばし、彼をつかんで言われた。『信仰の薄い者よ、なぜ疑ったのか。』　そして二人が舟に乗り込むと、風はやんだ」（三〇～三二節）。

この一連の出来事はペテロが中心となって経験したことですが、そこにいっしょにいた弟子たちが「まことに、あなたは神の子です」と言って、イエスを礼拝しました（三三節）。ちょっと想像してみてください。湖の上を歩いているイエス、それを幽霊だと思ったといいますが、実際、自分たちの枠組みで考えれば、湖の上を歩くなど不可能なことですから、そんなことをしているのは幽霊だ、と思うわけです。自分の枠組みの中でのイエスに対する判断です。ところが、それがイエスだとわかり、ペテロをめぐるこの出来事をいっしょにいた人たちはみな見ているわけです。そして、「まことに、あなたは神の子です」

と、イエスを礼拝します。みんなこのことを目にして、「あなたは神の子です」と、イエス・キリストに対する賛美、告白をしたという形でこの物語は終わっているのです。

使徒の働き（使徒行伝）をいくら調べてみても、ペテロが、自分が湖上を歩いたという証しをしている場面はありません。こんな経験をしたら、ぼくなら「湖の上を歩いたよ」と、あちこちへ言って回るのですが、ペテロにはそういうことをしたという証しがまったくありません。

しかし、実際のところ彼はあちらこちらで言っていたのではないか、とぼくは思います。自分のできないことを主がしてくださったことの例として、湖を歩いたことを語っていたのではないかと思うのです。それを聞いた人たちは、こんなふうにペテロに聞いたでしょう。「あなたに湖の上を歩く力が与えられたのなら、いま歩いてみてください。そうしたら、私たちは信じられるようになります」と。

証しすることができても、では、それを今ここでやってください、と言われたときに、ペテロは自分の力ではできなかったでしょう。そのことをさらけ出すしかなかったでしょうし、もしもそのことを本当にしようと思うなら、恐れおののきながら、「主よ、もう一度歩かせてください」と祈る以外にないのです。

教会や信仰の中で何か与えられた、つまり、今の物語で言うなら、湖の上を歩いた、歩けるということが、神さまの恵みとして与えられたわけですが、その恵みがいつも自分たちにあると私たちはどこか錯覚していないでしょうか。それが信仰深いことであるとか、信仰者になれば、こんなことができるとか、と。けれどもそれは間違いです。主が憐れんでくださる以外に、「来なさい」と主が語ってくださる以外に、私たちは本来そういう力をもっていないのです。私たちには力がありませんが、主が「来なさい」と言われたときに、それに従っていく。それを日々確認することが大切なのではないでしょうか。

何かいつのまにかキリスト者になれた、信仰が与えられた、私たちはこういうことができるようになった、という錯覚の中に陥ることがないようにしたいと思います。

私たちにできること、それは先ほども述べたように、「あなた、それでは歩いてみてください」と言われたときに、「私は歩けません」と、ぶざまな姿をさらけ出すか、それこそ熱心に「主よ、私を歩かせてください」と祈るか、それが教会の日常ではないでしょうか。できない自分、ぶざまな姿をさらけ出すか、本当にできる方に一生懸命にお祈りし、願い求める。そうした姿が教会の日常ではないでしょうか。そうではなく、いつのまにか、自分が持てる者、できる者になって、それをしなければならない、やらなければならないとなっているなら、それは大きな間違いです。

福吉伝道所四十六年の歩みは、私たちに何もないのに主が憐れんでくださり、そのとき

そのときに主がお命じになったことを私たちにさせてくださったものです。あとから振り返ったときに、こんなことがあった、あんなことがあったと言えたとしても、今もそのことができるとか、今もその安定の中にあるとかということはありません。それを確認したうえで、二つの話を続けたいと思います。

加藤慶二さんと「名もなき尹東柱たち」

きょうの朝日新聞に、福岡の刑務所で尹東柱の追悼式がもたれると書かれていました。尹東柱（ユンドンジュ。韓国の抵抗詩人と言われている）は、日本の敗戦の少し前、一九四五年二月十六日に刑務所で殺されました。二十七歳でした。おそらく薬殺されたのでしょう。薬の実験台に使われたのではないかとも言われています。

彼は日本に留学して来て、そしてハングルで詩を書き、その詩は隠されていましたが、死後、発見され、それが韓国の中で非常に有名になりました。今では中・高校生の教科書にこの抵抗詩人の詩がたくさん載っています。

日本でも多くの人が尹東柱のことを覚えるようになってきました。彼が殺された福岡刑務所の前に、命日の前後に人々が集まって、この詩人を覚える集会がもたれてきました。

十年ぐらい前から始まりました。

彼がぼくの中に大きな位置を占めるようになったのには、ぼくの友人の加藤慶二という人の影響が大きいのです。指紋押捺拒否闘争や、いわゆる〝在日〟の問題をいっしょに闘った加藤慶二さんが晩年、尹東柱のことを深く学んで伝えてくれたのです。加藤慶二さんがぼくに与えた影響はとても大きくて、癌で亡くなりますが、「犬養さん、自分が死んだら、玄界灘に散骨してほしい」と頼んできました。ぼくは散骨の経験が二度ありますが、当時はどういうふうにしたらよいのかわかりませんでした。それで、みんなで協力してやりました。関釜フェリーに乗って、甲板から散骨しました。そのとき、ぼくはこんな式辞を述べました。

「ぼくが加藤さんから直接『遺言』を見せられ、散骨の依頼を受けたのは、一昨年の十一月四日のことでした。葬式の弔辞と、必ず玄界灘に散骨してほしいと述べ、『犬養先生にはいつもやっかいなことばかり頼んで申し訳ない』と涙声で語られたのです。『確かに引き受けたから安心してほしい』と、ぼくもそれだけ言うのが精一杯でした。

そして昨年（一九九二年）五月一日に加藤さんは亡くなられました。

登喜枝さんに、加藤さんは『分骨ではなく、全部の骨を玄界灘に撒いてほしい』と頼まれたそうです。ぼくはそこに加藤さんの執念を見る思いがします。

加藤さんの家には立派なお墓があると聞いています。しかも、そのお墓には加藤さんによって選ばれた聖句が刻まれているのです。しかし、加藤さんはそこに納まることをよしとはされませんでした。

加藤さんが愛された小倉東篠崎教会にも納骨堂があって、教会の方々は、せめて分骨して納骨室に納まってほしいと考えられたかもしれません。加藤さんはそれも拒否して『全部、玄界灘に撒いてほしい』と言われたのです。

加藤さんの執念はこの後朗読していただく『遺言』に明らかです。それは一言で言ってしまえば、『名もなき尹東柱』といっしょにいたいという執念です。」

その「遺書」はここに書くことはできませんが、それは「名もなき尹東柱」といっしょにいたいというものでした。尹東柱に「名もなき」という修飾語をつけて。加藤さんは、強制連行されて来た朝鮮人たちがどこから連れて来られたのか、連行された後どうなったのかということを、若者たちと何回も何回も旅しながら、お訪ねになりました。名もなき尹東柱たちがどんなふうに扱われたかを訪ねるのが、晩年の加藤さんの大きな仕事だったのです。

今年二月四日、ぼくはソウルの延世大学校内にある尹東柱の碑を訪ねました。日本人によって福岡刑務所で殺された尹東柱の骨はその一部も韓国に帰ることなく、お父さんの手によって玄界灘に撒かれました。加藤さんの玄界灘での散骨の執念は、尹東柱の影響が大きいと思われます。尹東柱の碑の前で、ぼくは加藤さんのことを覚えて祈りました。

しかし、今回この式辞をあらためて読み、加藤さんの目は尹東柱だけに注がれていたのではないことに気づかされました。尹東柱だけでなく、「名もなき尹東柱」にも注がれていたのです。

指紋闘争の最中、加藤さんは自分で作った外国人登録証を持ち歩いておられたことがあります。なんとかして在日韓国人・朝鮮人の苦痛に近づきたいという加藤さんの執念のあらわれです。そして、そこには本当に闘っているのは自分ではないという強い認識がありました。

加藤さんほど先頭に立って闘った日本人はありません。無期限の座り込みを続けたりして、先頭に立って闘っているという評価でしたが、ぼくは加藤さんを見ていて、そして式辞を読みながら、本当に闘っているのは自分ではないという思いが加藤さんにはあったと感じます。

本当に闘っているのは「名もなき尹東柱たち」です。民衆です。加藤さんは韓国の教会が闘いの中から見いだした「民衆」に対する信頼を、日本での厳しい闘いの中で見いだしておられたのです。本当に闘っているのは民衆である。その民衆とともにいたい、それが加藤さんの願いだったのです。「民衆の神学」は、イエス・キリストが民衆とともに闘っておられることを告白しています。その意味では、本当に闘っておられるのは民衆とともにおられるイエス・キリストだとも言えるのでしょう。加藤さんが、玄界灘に沈んでいる「名もなき尹東柱たち」とともにいたいと言われるとき、それはイエス・キリストとともにいたいということでもあるのです。

少し長くなりましたが、玄界灘で船の上から散骨し、加藤さんの好きだった焼酎を流しながら、このときの式辞を読んだときのことを思い出さずにはいられません。加藤慶二さんは福吉伝道所のメンバーではありませんでしたが、こんな形でぼくに教えてくださったことを生涯忘れることができません。

加藤さんは何も残したくない、本当に「名もなき尹東柱たち」が玄界灘に眠っているようにに自分もそこで眠りたい、キリストは必ずそこに来てくださる。復活の日の朝、「名もなき尹東柱たち」とともに自分も復活のイエスと会いたい。そういう信仰を貫いたのだと思います。何か立派になったり、わざを積んで大きくなったりすることではなく、小さくなること、名もない者になっていくこと、そのことを加藤慶二という人はキリストにあって信じて疑わなかったのです。
こうした人が身近にいて、こうした人が示してくださるキリスト・イエスに、ぼくもまた出会わされてきたのではないかと思っています。

筑豊の子どもたちとの出会い

イエスさまが「来なさい」と言われたので、動いた。あるいはイエスさまが「来なさい」と言われたので、こういうことが可能になったと話しましたが、では、犬養さん、あなたはどこでどのようにキリストに「来なさい」という声をかけられたのかと問われるかもしれません。ぼくは残念ながらパウロのように、ある日、イエスが現れて、道を示されたというような経験をもちません。自分の信仰にそれはないのです。

けれども考えてみれば、たとえば筑豊にぼく自身をひきつけ、招いてくれたのは筑豊の子どもたちでした。一九六一年、新延という直方の先の小さな閉山炭住（炭鉱住宅）に初めてキャラバン隊で行ったとき、貧しい中でも本当に元気な子どもたちと会いました。ニコニコしている子どもたちです。自分もお腹がへっているにもかかわらず、もらったコッペパンを家に持ち帰って家族みんなで分けて食べる子どもたちに出会いました。

その子どもたちの笑顔が、ぼく自身に筑豊にいることを強いたように思います。神さまは筑豊の子どもたちという姿をとって、「犬養さん、筑豊に来なさい」と呼びかけてくださったのだと、今になって思わされています。

紙野柳蔵さんとの出会いとカネミ油症事件

カネミ油症事件に、紙野柳蔵という人が呼びかけてくださいました。一九六八年に事件は起きました。一九六五年、素子さんと結婚して、ぼくは筑豊のことをやるんだ、それが自分の課題だと思い込んでいたので、紙野柳蔵さんが訪ねて来て、「共に闘ってください」と語ってくださっても、聞く耳をもちませんでした。それにもかかわらず、紙野さんは病の苦しみの中から手紙を書き、「犬養さん、無関心は公害殺人の加担者です」と言われました。この手紙を読んで、ぼくは紙野さんのところへ飛んで行きました。そして、「紙野さん、いっしょに歩ませてください」と言わざるをえませんでした。

筑豊のことにしろ、カネミ油症のことにしても、そして〝在日〟の問題にしても、自分が計画して、これは大切な社会問題だ、自分から何かをしなければならないことだなどと考えたものはありませんでした。すべて引っ張り出されて、「来なさい」と常にキリストが、筑豊の子どもたちの姿をとって、紙野柳蔵という人の姿をとって、崔昌華という人の姿をとって呼びかけてくださいました。そして、その呼びかけに応えて歩み始めたときに、キリストがそこにおられるという出来事にぼくのほうが出会いました。そんなふうに呼びかけていただいて、とても大きな喜びを与えられたと、心底思います。

シンプルで楽しい生活

よく言われます。「四十六年、本当に大変だったでしょう」と。周りにいる者たちはそうだったろうと思いますが、ぼく自身は楽しかったのです。四十六年間、どんなに楽しく過ごすことができたかと思います。本当に素晴らしいときを過ごすことができました。筑豊を引き上げて帰るなんて一回も考えたことはありません。言葉が軽いのですが、本当に素晴らしいことばかりでした。そのことはなかなか理解していただけないかもしれません。格好よく言っているように思われ、「ウソやろ」と言われるかもしれません。どうしたらわかっていただけるようにお話しできるのかと思うのです。

そう考えているときに、『悼む人』（文藝春秋）を書いた天童荒太さんという直木賞受賞作家のインタビュー記事を読みました。まだ五十代の若い作家です。どうしてこの本を書いたのかという問いに応えて、天童さんは、「人が死んで、有名な人はデカデカと新聞に載るけれど、巷《ちまた》でたくさんの人が死んでいるのに憶えられることもない。それは不公平だ。それで、死んでいく人たちの現場にいて記録を取り始めた」と言うのです。そのことがこの本の中に出てくるのです。いろんなことを考えさせられたといいます。

この天童さんが、教会の牧会者向けに発行されている『Ministry』という雑誌の「葬式」に関する特集（二〇一〇年秋第七号）で対談をしておられます。彼はキリスト者ではありませんが、この対談はとても面白く、最後のところで、先ほどぼくがなかなかうまく表現できないと言ったことをたいへん見事に表現していました。「だから彼らの死は意味があったとは決して思わないけれど、でも、ぼくはその死を胸に抱えて、自分への刃として、また彼らへの感謝として表現していかなければいけないと思っている」と。

つまり、こう語っているのです。出遭ってきた死一つ一つに意味があったとは思わない。自分が意味あることとして、何かができるわけでもない。でも、そのことを自分は刃として彼らに感謝して、これからを生きたい。こう言うと、「つらいでしょう」と言われることがある。ところが、むしろそうなると、生きることがシンプルになる。楽になる。死者と関わったりすると大変で、「すればするほど、自分はしんどくて耐えられないようになるのではありませんか」とよく言われる。けれども、天童さんはむしろそうすると、生きることがとてもシンプルになる、と言われるわけです。

「ある哲学者の言葉で、欲望を追いかけて生きていくのが楽しいと思いがちだけれど、むしろそのほうが本当はつらくなる。だから、そういう欲をどんどん捨てて、しんどいことを懸命に生きているほうが実は楽なのだ、というようなことを読んだことがあります。非常に共感したことを覚えています。人間の生死をみつめていく仕事はしんどいと言えば、確かにしんどいのですが、つらさの種類が違います。」

ぼくたちに聖書を通して与えられているのは、そのことではないでしょうか。ぼくの告白としてもそうですし、つらいなどとは本当に思いませんでした。それはなぜかといえば、遊ぶために金を儲けるような苦労ではないからです。そこに喜びがあるし、そこにシンプルな生活が約束されているからです。天童さんはキリスト者ではありませんが、自分がそういう体験をするなかで、自分の生活はシンプルですよ、自分は楽しい、楽なのですよ、と告白しています。ぼくたちキリスト者が告白しなければならないのは、そういうことではないでしょうか。加藤慶二さんも、そして紙野さんも人々から「たいへんでしょう」と言われるでしょうが、「自分の生活は非常にシンプルです、楽しい生活です」と言われるにちがいありません。

苦しみという酸素

ぼくは、人を介して「来なさい」と呼びかけられました。呼びかけた人がいて、呼びかけられた人間はそれに従うだけで、あとは呼びかけた人がしてくださる。そして、だんだんと私たちの生活がシンプルになっていきます。そのことが先の言葉では語られているのだと思います。

もう二十年余り前になるでしょうか、女性労働者の問題を追いかけている塩沢美代子さんが、日本基督教団社会部の出していた『働く人』という小さな新聞のコラムにこんなことを書いていました。当時、韓国の紡績会社はものすごい低賃金、長時間労働で、働く人たちを抑圧していました。至るところで争議が起きていました。塩沢さんがその指導者たちを日本に招き、日本の女性労働者の指導者たちとの交流会を計画しました。

やっとのことでパスポートが取得でき、日本にやって来ることができました。三人の紡績会社の指導者は本当に喜びに満ちて、日本各地で交流を続けました。たいへんなところから来てくださったと、日本の指導者たちは下を向いてしまいました。韓国の人たちはたいへん苦労しているにもかかわらず、非常に朗らかにしています。一方、日本の人たちは彼女たちほど苦労していないのに、しぼんでしまっています。塩沢さんには、韓国の女性たちが歌ったり踊ったりするのがとても不思議で、こう尋ねたといいます。「あんなに苦しいところを通っているのに、どうしてそんなに朗らかにしておられるのですか」と。彼女たちが異口同音に語ったのは、「私たちは苦しみという酸素を吸ってきたから」ということです。自分たちはそういう酸素を吸っているからというのです。塩沢さんはそれを深く受けとめて、報告してくれています。

苦しみは炭酸ガスではないのですね。天童さんが言われたように、そして、本当に恥ずかしい歩みですが、ぼく自身が四十六年歩んできて、はたから見れば、苦しいように見えるかもしれませんが、それは非常に感謝、それは非常に素晴らしい酸素を与えてもらったのです。その中を歩んでこられたからこそ、こんなふうに喜ぶことができるのではないかと思います。家族にとってはたいへんなことが多かったかもしれませんが……。

「来なさい」という声に応える

ぼく自身はこういう形でキリスト・イエスに従わせていただきました。加藤慶二さんもその一人です。いろいろな人を通してキリストが今も働いておられることを知らされ、知らされたうえに、それが定着して自分にそれができるようになります。何も立派になったというのではなく、いつもそれができないことを認識させられながら、そんなぼくを憐れんで、「来なさい」と様々な人を通してイエスさまは呼びかけてくださいました。そして、そのお方のそばを通り過ぎるのではなく、主よ、いっしょに歩かせてください、主よ、行かせてくださいと応えるのです。私たちは常に求道者であって、主イエスよ、そちらへ行かせてください、あなたのいるところに行かせてくださいという、歩みをさせていただいてきたのではないかという気がします。

湖上を歩いた主イエス、そして「来なさい」という言葉に基づいて歩みだしたペテロ、そして、その話を証しとして行ったペテロ、自分はいつもゼロではあるけれど、ゼロであるからこそ、それが可能なのです。

「来なさい」との呼びかけに真剣に、ピリピ人への手紙にもあるように「恐れおののいて自分の救いを達成するよう努め」ましょう（二・一二）。「恐れおののいて」というのは、自分の中にはないから、自分にはできないから、「主よ、させてください」と求めていく姿ではないかと思います。一つのものになっていく、形になっていくものではなく、ないものとして恐れおののいて自分の救いを達成するよう努める。それがぼく自身の歩みであり、福吉伝道所の歩みであったのではないか、と思います。

お祈りします。

キリスト・イエスの神さま、あなたの聖名を心から讃美いたします。ぼくのような者を、福吉伝道所のような場所をあなたが憐れんでくださって、私たちには何の力もなく、私たちには何の誇るところもないのに、あなたの憐れみによって人を送り、そして、様々な具体的な出来事を見せてくださいました。

加藤慶二さんのことを話しましたが、彼のような友を与えてくださったことを感謝するものです。そして、主を信じて歩んだその生涯が福吉伝道所に大きな祝福を与え、またそれに続く人たちを与えてくださっていることを思うときに、感謝でいっぱいです。筑豊協力伝道奉仕会の中にあっても、そんな小さな福吉伝道所のことを覚えて祈りを合わせ、歩みを共にしてくださったことに感謝が溢れます。

三月で福吉伝道所は閉じられますが、与えられた大きな祝福を証し続けていくことができますように。そして、あなたの「来なさい」という声に、あなたがかけてくださる声に応えて歩む一人ひとりをあなたが祝してくださることを祈らずにいられません。

飯塚教会の上にあなたの祝福とあなたの憐れみを与えてください。感謝とともに、小さい祈りを主イエス・キリストの聖名を通して御前におささげいたします。アーメン

あとがき

これを書いている今も、本当に本になるのだろうか、との心配が払拭できません。「序文」を読まれた方が、大きな期待をもって読んでくださって、「何、これ」と途中で投げ出されたのではないか、と心配しています。

思い返せば、ぼくのことを最初に出版社に推薦してくださったのは、崔善愛《チェソンエ》さん、善恵《ソンヘ》さんたちでした。彼女たちの思いを裏切っているのでは、という不安もあります。

ぼくは自分の神学を「脚注の神学」と名づけています。堂々とした本文は別にあって、その本文の一つの単語を説明するのに、こんな例もありますよ、と床下で挙げられた例です。

現在のぼくの生活を書いておきます。福吉伝道所を二〇一一年三月いっぱいで廃止し、長崎県松浦市に移って来ました。長男の義一が「お父さん、もういい加減にしたらどう。

これ以上筑豊にいると、周囲の方々に迷惑をかけるだけだよ」と言うのです。本音を言えば、野垂れ死にしても、筑豊にいたいという思いでしたが、老いて子に従いました。それから七年が過ぎて、今は良かったと思っています。

石炭から離れることが寂しかったのですが、来て驚きました。松浦市もその昔、炭鉱で栄えた町の一つだったのです。福吉ではボロボロの炭住の後に簡易改良住宅が建ったのですが、それと同じ形の住宅が一画に残っています。福吉ではそれが建て替わって、今は四階建ての立派な住居になっているのに、ここではそのまま使われています。

また、松浦には、九州電力と、Jパワーという大きな火力発電所があって、オーストラリア等から大きなタンカーで石炭が運ばれて来ているのです。均一に砕かれた石炭が山のように積まれています。

でも、ぼくは具体的には何もできずにいます。

高橋三郎先生も、上野英信先生も、崔昌華先生も、紙野柳蔵さんも、みんな亡くなりました。本当は、それぞれの先生方が灯された松明《たいまつ》を受け継いでいかなければならないのに、まったくできていないのは悲しいことです。

「過去に書いたものや語ったことはみな、ぼくの死骸だ」と今でも思っています。その意味では「死骸」に付き合っていただいたことになるのですが、最近、「今あることは既にあったこと、これからあることも既にあったこと。追いやられたものを、神は尋ね求められる」（コヘレトの言葉〈伝道者の書〉三・一五、新共同訳）という言葉に導かれています。

身に余る「序文」を書いてくださった岡田仁先生に心から感謝します。脚注の例にもならないものに光を当ててくださったことを嬉しく思います。

最初から最後までお世話してくださった長沢俊夫様に感謝します。長沢さんがおられなければ、この本はできなかったと思います。

最後に、こんな好き放題のことをさせてくれた家族に感謝します。ありがとう。

二〇一八年八月二〇日

犬養光博

「筑豊」に出合い、イエスと出会う

2018年10月1日 発行

著　者　犬養光博

印刷製本　日本ハイコム株式会社

発　行　いのちのことば社

〒164-0001 東京都中野区中野2-1-5
電話 03-5341-6922（編集）
03-5341-6920（営業）
FAX03-5341-6921
e-mail:support@wlpm.or.jp
http://www.wlpm.or.jp/

ISBN 978-4-264-03965-5